Rohköstlichkeiten mit Nüssen & Samen

Gabriele Mauz

Rohköstlichkeiten mit Nüssen & Samen

60 leckere Rezepte – von Süß bis Herzhaft

HANS-NIETSCH-VERLAG

Für meine Enkelin Sophia

Lektorat: Ute Orth
Korrektorat: Hans Jürgen Kugler
Umschlaggestaltung: Kurt Liebig
Fotos: Gabriele Mauz und Shutterstock

Druck: Druck: FINIDR, s.r.o., Český Těšín/Tschechische Republik

Hans-Nietsch-Verlag
Am Himmelreich 7
79312 Emmendingen

www.nietsch.de
info@nietsch.de

ISBN 978-3-86264-231-1

Inhalt

Dank 8
Vorwort 9
Einführung 10

1 Nüsse, Kerne und eine Knolle 13
Aprikosenkerne 14
Edelkastanien 16
Erdmandeln 18
Haselnüsse 19
Kenarinüsse 20
Kokosnüsse, frische 20
Macadamianüsse 22
Mandeln 23
Paranüsse 24
Pekannüsse 25
Pinienkerne 25
Pistazien 28
Sonnenblumenkerne 29
Walnüsse 31
Zedernkerne 31

2 Samen 33
Buchweizen 34
Chiasamen 36
Hanfsamen 37
Leinsamen 38
Sesamsamen 41

3 Vorspeisen und Salate 43
Chartreuse vom weißen Rettich an Tomaten-Chili-Soße 44
Flan von der Karotte und der Gurke an Sauercreme mit Gurkensalat 46
Dulse-Bärlauch-Crisps 48
Bärlauchburger 50
Terrine vom milchsauren Rettich an schwarzer Olivensoße 51
Gurkensalat mit Borretsch und Borretschblüten 53
Timbale von Avocado und Tomate 54

Geraspelte Süßkartoffel mit wildem Salat 55
Walnusspesto 56

4 Suppen 57
Bärlauchcremesuppe 58
Maissuppe mit frischen Erbsen 59
Gazpacho 61
Brokkolicremesuppe mit Kressestrauß 62
Paprikaschaumsuppe mit Kräuterklößchen 63
Kohlrabisuppe mit Sprossen vom Hanf 64
Champignoncremesuppe mit Azukibohnensprossen und Zitronenmelisse 65
Sellerieschaumsuppe an wilden Salatblüten 66

5 Hauptgerichte 67
Tortellini mit Tomatensoße und Rohmesan 68
Indisches Brokkolisteak mit Safranreis und Ananassoße 70
Millefeuille vom Kohlrabi an Karottensoße 72
Dim Sum vom Chinakohl mit Selleriefarce an pikant-süßer Soße 73
Cordon bleu vom Knollensellerie mit Rettichpommes und Ketchup 74
Frühlingsrolle von der Gurke an Paprikasoße 76
Herbstlicher Wickel vom Butternutkürbis mit feuriger Kokosnusssoße 78
Spaghetti von der Roten Bete mit orientalischer Soße 80
Marmorierte Gemüseschnitte mit Kenarinüssen und grüner Avocadosoße 81
Sushi 83
Nockerl von der Avocado, der Olive und vom Sellerie 86
Pikanter Strudel vom grünen und weißen Spargel mit Sauce hollandaise 88
Mangoldroulade mit milchsaurem Rotkohl und Walnusssoße 90
Zucchini mit Walnussfüllung und Soße vom Butternutkürbis 91
Cannelloni mit Kräuter-Tomaten-Soße 93

6 Nachspeisen 95
Haselnussparfait mit Kirschsoße 96
Chiapudding auf einem Spiegel von wilden Erdbeeren mit Ananaskompott 97
Mousse von der Mirabelle an Birnenspalten mit Pistaziencreme 98
Papayaschaum 99

Reineclaudenpudding mit feiner Dattelsoße 100
Pfirsichpudding 101
Rote Grütze 102
Rhabarberkompott mit Vanillesoße 103
Zitronenzabaione mit wilden Erdbeeren 104

7 Kuchen und Gebäck 105

Birnentarte 106
Mirabellentörtchen 107
Träubleskuchen 108
Buchweizen-Knusperkekse 110

8 Leckeres für zwischendurch 111

Avocadomüsli mit Chiasamen 112
Aprikosensmoothie 113
Bananenmüsli mit Veilchenblüten 114
Chiamüsli à la Dr. Budwig 116
Carobdrink 117
Erdbeerschlangen 118
Kokosnuss-Carob-Kugeln 119
Saure Apfelkugeln 120
„Mampfis“ (Mango-Pfirsich-Gummiblütchen) 121
Mango-Knuspermüsli 122
MaMe Kaffee 124

9 Grundrezepte 125

Ketchup 126
Mayonnaise 127
Milchsauer eingelegte Karotten 128
Milchsauer eingelegter Rotkohl 129
Milchsauer eingelegter Sellerie 130

Anhang 131

Zutaten 132
Zubereitungsmethoden 142
Küchengeräte 148
Bezugsquellen 152
Literaturhinweise 155
Über die Autorin 157

Dank

Ich danke allen, die mir Mut gemacht haben, dieses Buch zu schreiben, und so zu seiner Verwirklichung beigetragen haben.

Nicht alles, was Genuss bereitet,
ist auch wohltuend,
aber alles, was wohltuend ist,
bereitet auch Genuss.

Pythagoras von Samos (570–500 v. Chr.)

Vorwort

Die Ernährung ist sicher nicht das Höchste im Leben, aber im wahrsten Sinne des Wortes der Nährboden, auf dem alles andere gedeihen oder auch verderben kann. Das habe ich nach langem Experimentieren mit meiner Ernährung am eigenen Leib erfahren. Seit ich mich dem rohköstlichen Leben verschrieben habe, hat sich meine Lebensqualität so stark verbessert, dass ich es mittlerweile als meine Lebensaufgabe ansehe, die Rohkost bekannter und beliebter zu machen.

So möchte ich mit diesem Rezeptbuch all den Menschen, die beschlossen haben, ihre Ernährungsgewohnheiten zu ändern und rohköstlich zu leben, leckere Rezepte an die Hand geben. Die Rezepte sind bewusst so ausgewählt, dass sie für jedermann leicht praktizierbar sind. Es sind einfache, aber auch ausgefallene Kreationen darunter. Wirklich gut Schmeckendes finden wir nur in „Lebens"-Mitteln, die unbehandelt und naturbelassen sind. In unserer Zeit wurde die Roh- und Frischkost weitgehend durch die Kochkost verdrängt und damit ging auch das Wissen, wie rohe Früchte schmackhaft zubereitet werden können, weitgehend verloren.

Die „Haute Cuisine Crue", wie die Rohkost heute vielfach genannt wird, ist jedoch wieder auf dem Weg in unsere Küchen. Die positiven Effekte, die mit dieser Art zu essen einhergehen, sind vielfältig: Auf ganz natürliche Weise purzeln die Pfunde, der Blutdruck sinkt und der Cholesterinspiegel im Blut reguliert sich wieder in den Normalbereich – um nur einige Vorteile der Rohkost zu nennen. Ist das nicht Grund genug, Köstliches aus der Natur mit Genuss zu verspeisen? Es freut mich sehr, dass Sie Ihre Sinne für das Rohköstliche öffnen wollen, und ich wünsche Ihnen viel Freude bei der Zubereitung der Rezepte, viele freudige Erlebnisse – und einen guten Appetit.

Ihre Gabriele Mauz

Einführung

Rohe Nüsse, deren rohes Mus oder Püree, Kerne und auch Samen sind die lebensenergie- und vitalstoffreichsten Lebensmittel, die uns die Natur zu bieten hat. Und das gilt übrigens auch für gekeimte Getreidekörner. Sie alle sind in der Rohkostküche wegen ihres großen gesundheitlichen Nutzens einfach unverzichtbar.

Nüsse sind – entgegen der weitverbreiteten Meinung – nicht fettreich, sondern mit einem Eiweißanteil von 14 bis 18 Prozent reich an vollwertigem Eiweiß und damit sogar der Sojabohne überlegen. Man kann sie daher auch als „vegetarisches Fleisch" bezeichnen. Zum Beispiel entspricht der Eiweißgehalt von 500 Gramm Walnusskernen dem von 1,5 Kilogramm magerem Schinken oder 2 Kilogramm eingedickter Sahne oder 2,5 Kilogramm Eiern oder 2,75 Kilogramm Kalbfleisch oder 3 Kilogramm Hühnerfleisch oder 4,75 Litern Milch.

Nüsse sind jedoch Schleim bildend und sollten daher nur in vernünftigen Mengen verzehrt werden: maximal 150 Gramm von ihnen sollten wir pro Tag zu uns nehmen. Nüsse enthalten zudem auch Säure bildende Anteile, die jedoch bei gleichzeitigem Verzehr von Basen bildendem grünem Blattgemüse neutralisiert werden können.

Bei den meisten Nusssorten ist es ratsam, die Nüsse oder Kerne vor dem Verzehr einzuweichen, damit die enthaltenen Enzyminhibitoren deaktiviert beziehungsweise ausgeschwemmt werden. Cashewkerne, Para- und Macadamianüsse bilden hier eine Ausnahme, sie enthalten keine Enzyminhibitoren. Diese Enzymhemmer verhindern das sofortige Keimen, machen die Nüsse für den Menschen jedoch schwer verdaulich, da sie die Bauchspeicheldrüse belasten und schwer im Magen liegen.

Nüsse sollen – so hat es die Natur vorgesehen – einer neuen Pflanze Leben schenken. Wenn wir sie ankeimen lassen, indem wir sie einweichen, erhalten wir eine hochwertige, nicht umweltbelastete Frischzellnahrung, denn Keimlinge enthalten ein Vielfaches mehr an Nährstoffen.

Eingeweichte Nüsse und Samen beginnen sofort zu keimen, wodurch die Enzyminhibitoren abgebaut werden. Die neue Pflanze kann sich entwickeln und Nuss- und Samenproteine können nach dem Ankeimen (nach 8 bis 12 Stunden Quellzeit) zu hundert Prozent vom menschlichen Organismus verwertet werden. Hat der Keimvorgang eingesetzt, haben wir es mit Gemüse und nicht mehr mit Nüssen oder Samen zu tun. Das Einweichen macht sie verträglicher und für den Menschen besser verdaulich. Zudem lösen eingeweichte Nüsse weniger allergische Reaktionen aus.

Nüsse sind Fleisch aus folgenden Gründen vorzuziehen:

- Nüsse sind frei von Stoffen wie Harnsäure, Harnstoff, Hormonen, Antibiotika et cetera, die in Fleisch meistens reichlich enthalten sind.
- Nüsse sind nicht der Fäulnis unterworfen, die man bei Fleisch auf dem Weg vom Schlachthof oder Bauern bis hin zum Verbraucher nie verhindern kann.
- Nüsse sind frei von schädlichen Bakterien, die sich besonders in der warmen Jahreszeit im Fleisch oft sehr schnell ansiedeln und vermehren. Dadurch können schwere Fleisch- und Wurstvergiftungen entstehen.
- Nüsse sind frei von Parasiten wie Bandwürmern und Trichinen, bei Fleisch hingegen müsste ein Befall vor dem Verzehr regelmäßig überprüft werden.
- Nüsse können roh verzehrt werden, während Fleisch vor dem Verbrauch in der Regel Hitze ausgesetzt werden muss.
- Nüsse haben (laut dem Chemiker Dr. Hans Adalbert Schweigart) ein hohes stoffwechselchemisches Reaktionsvermögen und spenden uns so wertvolle Lebensenergie.

Die Nuss ist also kein Naschwerk, sondern ein Nahrungsmittel von besonderer Güte und höchstem Energiegehalt.

Sie sollten aber besonders beim Kauf von Nüssen darauf achten, dass diese tatsächlich roh und unbehandelt sind, denn die im Handel angebotenen und zum Großteil eingeführten Nüsse werden häufig mit nicht gutzuheißenden Methoden (wie beispielsweise dem Schwefeln) haltbar gemacht.

Erläuterungen

Mengenangaben:

EL	Esslöffel
TL	Teelöffel
Msp.	Messerspitze
l	Liter
g	Gramm

Zubereitungskategorien:

*	einfache Zubereitung
**	braucht ein wenig Geduld
***	braucht Zeit und ein wenig Erfahrung

Hinweis:
Die Bezugsquellen für die meisten rohköstlichen Zutaten und Küchengeräte in diesem Buch finden Sie in einer Liste unter gleichlautender Überschrift, Seite 152 ff.

KAPITEL 1

NÜSSE, KERNE UND EINE KNOLLE

Aprikosenkerne

In der harten Schale des Steins der Aprikose befindet sich der weiche Kern mit seinen so überaus wertvollen Inhaltsstoffen. Er ist reich an Vitamin B und E. Und seine braune Haut, die ihn vor dem Ranzigwerden schützt, enthält starke Antioxidantien. Diese bekannten Radikalfänger sind es, die auch die Keimfähigkeit des Aprikosenkerns erhalten.

Die Hunzukuc, (auch „Hunza" genannt), ein kleines Volk in Nordpakistan (siehe dazu auch die Literaturhinweise auf Seite 155 f.), ernähren sich von Getreideprodukten aus dem vollen Korn, von Trockenfrüchten, Gemüse und milchsauer Vergorenem. Vorwiegend essen sie jedoch Aprikosen, deren Kerne und das das daraus gewonnene Öl. Forscher und Reisende, die dieses Volk über lange Zeit studiert haben, berichten, dass bei den Hunza viele Menschen überdurchschnittlich alt werden. Krebs und andere chronische Erkrankungen sind bei ihnen so gut wie unbekannt. Aprikosen und besonders der Aprikosenkern enthalten eine geballte Ladung an Vitalstoffen, die in dieser optimalen Kombination einmalig ist.

Die Aprikose (*Prunus armeniaca*) stammt ursprünglich aus Zentralasien, vermutlich aus Nordchina. Wildarten finden sich auch heute noch in Afghanistan und Japan. Aus China gelangte die Aprikose schließlich nach Persien und Armenien, woher auch ihr Name stammt. Von den persischen Dichtern wurde die Aprikose als „Samen der Sonne" besungen. Alexander der Große brachte sie nach Südeuropa. Erst im 16. Jahrhundert wurde die Aprikose auch in Nordeuropa kultiviert.

Die Aprikose steckt voller Bioaktivstoffe

Aprikosen enthalten erstaunlich viel Salizylsäure, zusätzlich größere Mengen von dem Flavonoid Quercetin (Q_{10}), welches bekannt ist als hervorragender Fänger von freien Radikalen. Salizylsäure wirkt antibakteriell und kann Krankheitskeime in

Magen und Darm abtöten sowie Fäulnisprozesse stoppen. Kein Obst liefert darüber hinaus soviel Beta-Karotin und Magnesium. Forscher konnten nachweisen, dass die Retinsäure aus Aprikosen und auch aus anderen carotinoidreichen Gemüse- und Obstsorten Leukämiezellen am unkontrollierten Wachstum hindert. Bereits drei Aprikosen liefern die Hälfte des Tagesbedarfs an Vitamin A. Hervorzuheben ist auch ihr hoher Gehalt an Folsäure (ein besonders in der Schwangerschaft wichtiges Vitamin) und an Kalium, das eine große Bedeutung für die Regulation unseres Wasserhaushalts hat. Aprikosen und deren Kerne sind stark basisch und sorgen so für ein Gegengewicht zu der überwiegend säuernden Wirkung der modernen Zivilisationskost.

Getrocknete Aprikosen sind mit ihrem fast fünfmal so hohen Wirkstoffgehalt wie die frischen Aprikosen wahre Bioaktivstoffpakete. Die Kombination aus getrockneten Aprikosen und Aprikosenkernen, wie sie auch in den Herkunftsländern dieser Frucht häufig gegessen werden, enthält gesundheitlich wertvolle Inhaltsstoffe, wie sie in dieser Form in keiner anderen Frucht und auch in keinem kommerziell hergestellten Nahrungsergänzungsmittel zu finden sind. Auf den regelmäßigen Verzehr von Aprikosen und Aprikosenkernen sollte deshalb niemand verzichten, auch nicht, wenn er gesund ist.

Bittere und süße Aprikosenkerne

Es gibt süße und bittere Aprikosenkerne. Die süßen Kerne stecken in den Früchten, die auf unseren Märkten angeboten werden, die bitteren Aprikosenkerne hingegen in den kleinen säuerlichen Wildaprikosen.

Aprikosenkerne enthalten viele Mineralstoffe und besonders viel Magnesium. Insbesondere die bitteren Kerne enthalten darüber hinaus erhöhte Konzentrationen an Amygdalin (auch als „Laetrile“ oder „Vitamin B_{17}“ bekannt). Amygdalin ist ein sogenanntes cyanogenes Glykosid, das in Gegenwart von Wasser Blausäure abspaltet.

Dieser Stoff wird bereits in der alternativen Krebsbehandlung eingesetzt. In den 1970er-Jahren gab es Studien, die in Tierversuchen eindeutig die Tumorzellen hemmende Wirkung von Amygdalin belegten. Von der Schulmedizin wird eine therapeutische Wirkung dieses Stoffs jedoch bestritten. Die Schulmedizin rät aufgrund der besagten Inhaltsstoffe und der vermeintlich daraus resultierenden Vergiftungsgefahr sogar von seiner Verwendung ab.

Es gibt allerdings erfahrungsheilkundliche Behandlungserfolge mit Amygdalin, meist in Kombination mit anderen Maßnahmen oder Mitteln.

Nun noch dies zum Thema Blausäure und Giftigkeit von Aprikosenkernen: Bei allen Kontakten zu Personen, die ein Tumorleiden haben oder hatten und die bittere Aprikosenkerne als Nahrungsergänzung zu sich nehmen oder genommen haben, ist mir bislang kein Fall bekannt geworden, in dem die betreffende Person über Übelkeit oder Vergiftungserscheinungen geklagt hätte.

Bezugsquellen für wilde Aprikosen, Aprikosenkernmus und -öl: siehe Seite 152 ff.

Lesen Sie auch unter *www.aprikosenkerne.de* Interessantes.

Edelkastanien (pH-Wert +2,8)

Die sogenannte *Castanea sativa*, zu Deutsch Ess- oder Edelkastanie, gehört zur Familie der Buchengewächse. Diese Nussfrucht wächst auf den bis zu 30 Meter hoch werdenden Kastanienbäumen. In Europa ist Ende September oder Anfang Oktober Erntezeit der süßlich schmeckenden Maronen oder Maroni.

Die Edelkastanie enthält wertvolle pflanzliche Fette und Öle, Stärke, Zucker, vor allem Vitamin B und Vitamin C sowie Mineralstoffe, aber keinerlei Gluten. Aus diesem Grund und wegen ihrer zahlreichen pflanzlichen Fette wird die Frucht gern von

Ihr hoher Kohlenhydratgehalt unterscheidet Edelkastanien von den meisten anderen Nüssen, die vorwiegend Fette enthalten.

Menschen verzehrt, die an Zöliakie leiden. Edelkastanien sind aber auch für kalorienbewusste Menschen eine Alternative, da sie im Vergleich zu anderen Nussarten einen verhältnismäßig geringen Ölanteil haben. Die Kastanie hat gegenüber dem Getreide den Vorzug basenüberschüssig zu sein, was für Rheuma- und Gichtkranke ebenso vorteilhaft ist wie ihr geringer Natriumgehalt (2 Milligramm auf 100 Gramm) und ihr hoher Kaliumanteil (410 Milligramm auf 100 Gramm). Man bezeichnet sie auch als „kleine Brote, die die Natur geschaffen hat".

Durch Rösten und Kochen werden Kastanien weich, mehlig, schmackhaft und sehr bekömmlich. Das Mehl der Kastanie, das sich aufgrund seiner leichten Verdaulichkeit besonders als Kost für Kranke, Kinder und Erschöpfte empfiehlt, ist ein wichtiger Bestandteil der Rohkostküche. Die eigene Herstellung ist schwierig. Es gibt aber einige Anbieter, die Kastanienmehl verkaufen. Dieses Mehl hat jedoch in den meisten Fällen nichts mit Rohkost zu tun.

Die Gesundheits- und Ernährungsberaterin Ursula Schaller hat mit einem Verfahren, das es ermöglicht, Kastanien unter Rohkostbedingungen zu mahlen, das Edelkastanien-Rohkostpulver entwickelt.

Bezugsquellen für Maronimehl und das Edelkastanien-Rohkostpulver: siehe Seite 152 ff.

Erdmandeln (pH-Wert neutral)

Die Erdmandel, auch „Chufa" oder „Tigernuss" genannt, gehört botanisch nicht zu den Nüssen, sondern zur Familie der Sauergrasgewächse. Sie ist die Knolle des Riedgrasgewächses *Cyperus esculentus*.

Diese Knollenfrucht enthält wie die Sojabohne ein einzigartiges Nährstoffkonzentrat mit einem der Muttermilch ähnlichen, optimalen Verhältnis von Fett und Kohlenhydraten. Erdmandeln bestehen zu mehr als 25 Prozent aus Fett, aus etwa 30 Prozent

Stärke und zu 7 Prozent aus Eiweiß. Tigernüsse enthalten viele ungesättigte Fettsäuren wie Linolsäure, Vitamin H und Rutin sowie viele Mineralstoffe. Sie sind „natursüße“ Ballaststoffe mit einem sehr angenehmen Geschmack und einem hohen Anteil an biologisch verfügbaren Wirkstoffen. Regelmäßig verzehrt haben sie eine regenerierende Wirkung auf unsere Gesundheit. Sie sind nicht nur für rohköstliche Gourmets, sondern für alle Altersgruppen eine wahre Bereicherung.

Inzwischen sind Erdmandeln neben der ganzen Frucht auch als Flocken und Mehl erhältlich und zudem in zahlreichen rohköstlichen Produkten enthalten.

Haselnüsse (pH-Wert -2)

Die Haselnuss ist die Schalenfrucht des „Gemeinen Hasel- oder Haselnussstrauches“, der zur Gattung der Birkengewächse gehört. Der Haselnussstrauch kann bis zu fünf Meter hoch werden und ist vorwiegend in Europa und Kleinasien beheimatet. Die in Deutschland wachsenden Haselnusssträucher sind jedoch wegen des raueren Klimas wenig ertragreich.

Haselnüsse sind sehr kalorienreich. Die in ihnen enthaltenen Fette und Öle haben bis zu etwa 60 Prozent ungesättigte Fettsäuren, was den Verzehr von Haselnüssen nur in Maßen gesund macht. Haselnüsse enthalten aber auch hochwertiges Eiweiß, Kohlenhydrate, die Vitamine A, B, C und E sowie Mineralstoffe wie Phosphor, Magnesium, Kalium und Eisen. Sie kurbeln den Fettstoffwechsel an und helfen nachweislich, den Cholesterinspiegel im Blut zu senken. Die Haselnuss wird nicht umsonst als „Nervennahrung“ bezeichnet und kann zur Stärkung der Nerven einen großen Beitrag leisten.

Wenn Haselnüsse gründlich gekaut werden, eignen sie sich für den Frischverzehr sehr gut. Aufgrund ihres hohen Eiweiß- und Fettgehalts reichen schon 15 bis 20 Nüsse für eine Mahlzeit aus.

Kenarinüsse

Die Früchte des in Indonesien und Papua Neuguinea beheimateten Canaribaums (*Canarium indicum*) sehen aus wie Mandeln, haben jedoch eine sehr harte schwarze Schale. Sie werden auch „Nangai-“, „Java-“ oder „Kenarinüsse“ genannt.

Kenarinüsse sind sehr fettig, schmecken mild-würzig und erinnern an den Geschmack von Speck. Sie enthalten nur 0,5 Prozent Kalorien, 8 Prozent Eiweiß und ganze 46 Prozent Fett. Sie sind das ganze Jahr über erhältlich, aber in Deutschland nur schwer zu bekommen. Ab und zu sind Kenarinüsse bei Internetanbietern zu bekommen. Als Ersatz sind Mandeln am besten geeignet. Kenarinüsse werden in Süßigkeiten oft anstelle von amerikanischen Mandeln verwendet.

Kokosnüsse, frische (pH-Wert +0,5)

Die ursprünglich aus Südasien und der Südsee stammende *Cocos nucifera* gehört zur Familie der Palmengewächse. Kokosnüsse sind einsamige Steinfrüchte. Ihr Gewicht kann zwischen 900 und 2500 Gramm variieren. Frische Kokosnüsse gehören zu den vollkommensten Lebensmitteln, die uns die Natur zu bieten hat. Die für Menschen lebensnotwendigen Eiweißbausteine sind in der Kokosnuss in ausreichender Menge enthalten. Obwohl ihr Eiweiß- und Fettgehalt mit dem von Nüssen nicht mithalten kann, sind Kokoswasser und Kokosfleisch außerordentlich nahrhaft. Das erfrischende Wasser der Kokosnuss schmeckt am besten, wenn es direkt im Erzeugerland aus der noch unreifen Frucht getrunken wird. Wenn das Kokosfleisch noch weich und geleeartig ist, kann

Die Kokosnuss schmeckt nicht nur köstlich, sondern ist auch außergewöhnlich nahrhaft. Sie enthält so viel Selen wie kein anderes Lebensmittel.

eine Kokosnuss über 1 Liter Kokoswasser enthalten. Bei reifen Früchten ist das Fruchtfleisch fest und die Flüssigkeitsmenge ist wesentlich geringer.

Ein altes indonesisches Sprichwort besagt: „Die Kokospalme hält für jeden Tag des Jahres eine andere Verwendung bereit." Kokoswasser ist ein sehr gesundes und wohlschmeckendes Getränk. Aus dem getrockneten Kokosfleisch wird in der Regel Öl und Bratfett gewonnen, aber auch Kokoschips werden aus dem Fleisch der Kokosnuss hergestellt.

Schwelgen Sie in den Angeboten frischer Kokosnüsse, die in Asialäden, Bio-Supermärkten und bei zahlreichen Internetanbietern erhältlich sind.

Bezugsquellen für frische Kokosnüsse, Kokosöl und Kokoswasser: siehe Seite 152 ff.

Weitere nützliche Informationen finden Sie unter *www.wikipedia.de* oder *www.wisetwister.at*.

Macadamianüsse (pH-Wert -3,2)

Diese ursprünglich aus Australien stammende Steinfrucht wird auch als „Königin der Nüsse" bezeichnet. Sie gehört zur Familie der Silberbaumgewächse. Macadamianüsse wachsen in langen, weintraubenähnlichen Rispen, den Blütenständen der fünf bis sechs Meter hohen Macadamiabäume. Macadamianüsse sind mit einem Fettgehalt von 75 Prozent unglaublich nahrhaft. Selbst die Weltgesundheitsorganisation empfiehlt diese Nussart, denn sie enthält über 80 Prozent ungesättigte Fettsäuren. Weltweit durchgeführte Studien haben bestätigt, dass Macadamianüsse sehr positive Auswirkungen auf zahlreiche Stoffwechselvorgänge haben und ihr Verzehr sogar vor Herz-Kreislauf-Erkrankungen schützen kann. Sie enthalten außerdem viel Vitamin A, B_1 und B_2, Niacin und Mineralstoffe wie Kalzium, Magnesium, Kalium, Eisen und Phosphor. Die Macadamianuss ist die fetthaltigste und eiweißärmste aller

Nussarten. Da Macadamianüsse Schleim bildend wirken können, sollten sie mit einer ausreichend großen Menge an rohem grünen Gemüse verzehrt werden. Rohe Macadamianüsse schmecken außerordentlich gut und verleihen Gerichten eine cremige Note.

Mandeln (pH-Wert +3,6)

Die Mandel ist im botanischen Sinne keine Nuss, sondern die Steinfrucht des gleichnamigen Baumes, der zu den Rosengewächsen (*Rosaceae*) gehört. Man unterscheidet bei den Früchten zwischen süßen und bitteren Mandeln. Die sogenannte *Dürkheimer Krachmandel* ist eine bekannte deutsche Süßmandelsorte. Zum Verzehr sind nur die Kerne der süßen Mandel geeignet. Bittere Mandeln enthalten das Glykosid Amygdalin, aus dem im menschlichen Verdauungstrakt Blausäure, ein bereits in geringer Dosis tödliches Gift, abgespalten wird. **Schon der Verzehr von sechzig rohen bitteren Mandeln kann tödlich sein!**

Da manchmal auch ein- und derselbe Baum süße und bittere Mandeln tragen kann, lässt sich ein, wenn auch geringer, Anteil bitterer Kerne im „süßen" Erntegut nie ganz ausschließen. Bis zu einem Anteil von fünf Prozent bitterer Mandeln kann sich in einer Tüte süßer Mandeln befinden. Eine Ernte von hundert Prozent süßen Mandeln können nur die Erzeugerländer Spanien und USA (Kalifornien) garantieren. In allen anderen Ländern werden die auch äußerlich kaum zu unterscheidenden bitteren Mandelkerne bei der Ernte nicht aussortiert.

Bittermandelöl wird ausschließlich aus Bittermandeln hergestellt. Dieses als Aroma oder Duftstoff in der Backwaren- und Kosmetikherstellung häufig verwendete Öl ist in der Regel blausäurefrei. Doch auch dem bitteren Mandelkern werden Heilkräfte zugeschrieben. Die in ihm enthaltene Blausäure ist ein gutes Mittel gegen Lungenstauung und den dadurch bedingten „Herzhusten", gegen Stenokardien (*Angina Pectoris*) und gegen

Schilddrüsenüberfunktion. Man sollte jedoch bedenken, dass Blausäure nur in winzigen Dosierungen zu dem gewünschten Heilerfolg führt. Jede noch so geringe Überdosierung hat schädliche Folgen. Eine bittere Mandel pro Tag ist bereits ausreichend.

Mandelkerne enthalten durchschnittlich 18 Prozent Eiweiß, 16 Prozent Kohlehydrate und 54 Prozent Fett, ferner viele Mineralstoffe und Vitamine, vor allem aus der B-Gruppe. Der Verzehr von 60 Gramm Mandeln (oder Mandelpüree) kann nach aktuellen Studien bereits vor Diabetes, Herz-Kreislauf-Erkrankungen und einem erhöhten Cholesterinspiegel schützen und zu einer Verbesserung der Knochendichte führen – und zwar ohne dass es dabei zu einer Gewichtszunahme kommt.

Neben den bereits erwähnten ganzen Mandeln aus kontrolliert biologischem Anbau wird im Naturkostsortiment natürlich vor allem auch das Mandelmus nachgefragt. Rohes Mandelmus oder Mandelpüree wurde von Urs Hochstrasser entwickelt.

Bezugsquellen für rohes Mandelmus: siehe Seite 152 ff. Weitere nützliche Informationen finden Sie unter *www.zentrum-der-gesundheit.de*.

Paranüsse (pH-Wert +0,5)

Unter dem Namen „Paranuss“ kennen wir die sehr harten, dreikantigen, apfelsinenstückförmigen Samen aus der kugeligen Fruchtkapsel des Paranussbaums Juvia (*Bertholetia excelsa*), der nur in den Regenwäldern des Amazonas wächst und zu den größten Bäumen der Regenwaldregion zählt. Paranüsse schmecken mandelartig und haben einen Fettgehalt von 70 Prozent. Bei uns werden sie fast ausschließlich roh gegessen. Besonders bemerkenswert ist das Eiweiß der Paranuss, das dem des Hühnereies gleicht und wie dieses außerordentlich hochwertig ist. 50 Gramm Paranüsse, ergänzt durch einen oder zwei Äpfel, Südfrüchte oder anderes Obst, sind so nahrhaft wie eine komplette Mahlzeit.

Paranüsse haben einen hohen Vitamin-E-Gehalt. Von allen Nüssen enthalten sie am meisten Vitamin B_1, das für die Nervenfunktion und zahlreiche Stoffwechselfunktionen unentbehrlich ist. Auch ihr hoher Mineralgehalt ist für Rohköstler sehr interessant. Paranüsse sind reich an Magnesium, dem eine große Bedeutung bei der Vorbeugung von Herzinfarkten zugeschrieben wird. Mit ihrem hohen Gehalt an Eisen und Kupfer leisten Paranüsse einen wesentlichen Beitrag zur Anregung der Blutbildung.

Pekannüsse (pH-Wert +2,8

Die Pekannuss ist der Samen des aus Nordamerika stammenden Pekannussbaums (*Carya illinoiensis*) und gehört zur Familie der Walnussgewächse. Der dunkelbraune Samenkern ähnelt in Geschmack und Aussehen der Walnuss. Pekannüsse sind mit etwa 700 Kalorien auf 100 Gramm sehr nahrhaft. Sie sind reich an Vitamin E und fallen durch ihren hohen Kalzium-, Mangan-, Selen- und Beta-Sitosterol-Wert auf. Das zu der Gruppe der Phytosterine zählende Beta-Sitosterol kann Verkalkungsprozesse hemmen. Der Pekannuss kommt ein erheblicher krankheitsverhütender Wert zu. Sie enthält zudem ungesättigte Fettsäuren, Biotin und reichlich Vitamin A. Die vor Herz-Kreislauf-Erkrankungen schützenden ungesättigten Fettsäuren betragen über 70 Prozent. Eine Handvoll Nüsse deckt bereits den Tagesbedarf an Vitamin B_1 und Zink.

Pinienkerne (pH-Wert schwach sauer)

Pinienkerne stammen aus dem Zapfen der im Mittelmeerraum heimischen Pinie (*Pinius pinea*), die bis zu 30 Meter hoch werden kann. Diese Samen werden von einer sehr harten Schale umschlossen, sie schmecken süßlich und sind eine Delikatesse. Sie haben eine weiche Konsistenz und enthalten „nur" 45 Prozent Fett. Pinienkerne schmecken ähnlich wie Mandeln, enthalten etwa 45 Prozent Fett und haben einen höheren Vitamin-B_1-Gehalt als Nüsse. Vitamin B_3, heute als „Niacin" bekannt, ist ebenfalls in Pinienkernen enthalten. Niacin ist an vielen enzymatischen Vorgängen beteiligt. Es wirkt stark antioxidativ und ist wichtig für die Regeneration von Haut, Muskeln, Nerven und DNA.

Pinienkerne enthalten außerdem Vitamin B_2 und Vitamin A. Vitamin B_2 kann nur von Pflanzen und Mikroorganismen gebildet werden. Es wird gut vom menschlichen Dünndarm resorbiert. Vitamin B_2 hilft bei der Umwandlung von Proteinen, Fetten und Kohlenhydraten in Energie. Vitamin A wird für die Bildung von Haut, Schleimhäuten und Knorpelgewebe benötigt und ist wichtig für unsere Augen. Außerdem sind Pinienkerne reich an den Mineralstoffen Phosphor, Kalzium und Eisen.

In der mediterranen, türkischen und arabischen Küche spielen Pinienkerne eine bedeutende Rolle. Auch in Deutschland erfreuen sich die geschälten Samen der Pinie vor allem in der Rohkostküche großer Beliebtheit. Als Zutat für Soßen, Salate oder Kuchen finden sie hier vielseitige Verwendung.

Da die Gewinnung der Pinienkerne recht aufwendig ist, ist auch ihr Preis relativ hoch. Pinienkerne lassen sich nicht im Plantagenanbau kultivieren. Sie werden in den bis zu 30 Meter hohen, wild wachsenden Bäumen von Hand geerntet. Europäische Pinienkerne kommen überwiegend aus Spanien. Mittlerweile sind jedoch auch preiswerte Pinienkerne aus Asien erhältlich. Im Vergleich zu den südeuropäischen sind diese jedoch weniger aromatisch und haben einen höheren Fettgehalt. Man erkennt sie an ihrer dreieckigen Form und ihrer braunen Spitze. Sie stammen von einer anderen Pinienart ab und enthalten höchstens halb so viel Eiweiß und Mineralstoffe wie die spanischen Pinienkerne.

Pinienkerne sind äußerst gesund, können eine ausgewogene Ernährung unterstützen und schmecken dabei fantastisch.

Pistazien (pH-Wert sauer)

Pistazien, die volkstümlich auch als „grüne Mandeln“ bezeichnet werden, sind die Steinfrüchte des immergrünen und bis zu 12 Meter hoch werdenden Laubbaums *Pistacia vera*. Diese Bäume wachsen in trockenen, wüstenähnlichen Gebieten und können bis zu 300 Jahre alt werden. Sie werden seit dem 2. Jahrhundert v. Chr. im Iran, in den USA und in Mittelmeerländern angebaut. Pistazien werden sehr häufig gesalzen und geröstet angeboten. Das macht sie länger haltbar, denn ihr hoher Fettgehalt führt dazu, dass sie schnell ranzig werden. Es gibt sie jedoch auch in Rohkostqualität. Anfang Dezember 2009 wurde bekannt, dass eine Ernährung mit täglich 1 bis 2 Handvoll Pistazien dazu beitragen kann, das Risiko von Lungenkrebs zu reduzieren. Das ist das Ergebnis einer Studie der Amerikanischen Gesellschaft für Krebsforschung (*American Association for Cancer Research, AACR*). Forscher der Universität von Toronto kamen zudem zu dem Schluss, dass beim gleichzeitigen Verzehr von 1 Handvoll Pistazien und kohlenhydrathaltigen Lebensmitteln (wie etwa Weißbrot) ein verminderter Anstieg des Blutzuckerspiegels sowie von Hunger stimulierenden Hormonen zu beobachten ist. So bleibt der Appetit kontrollierbar.

Pistazienfrüchte in der Schale müssen zunächst geöffnet werden, was die Verzehrzeit verlangsamt. Studien haben gezeigt, dass das Sättigungsgefühl ungefähr 20 Minuten nach dem Verzehr eines Snacks eintritt. Durch den langsameren Verzehr der Pistazie wird die Zeit bis zum Sättigungsgefühl überbrückt und so hält sich die Menge der verspeisten Nüsse auf ganz natürliche Weise im Rahmen.

Pistazien sind reich an Ballaststoffen. Die meisten in Pistazien enthaltenen Fette sind ungesättigte Fettsäuren. Sie können dazu beitragen, das Risiko einer Herzerkrankung zu vermindern. Amerikanische Forscher der *Pennsylvania State University* haben herausgefunden, dass der Verzehr von 1 bis 2 Handvoll Pistazien pro Tag zu einer Reduktion des für unsere Gesundheit ungünstigen LDL-Cholesterinspiegels um 9 bis 12 Prozent führen kann. Zu bedenken ist allerdings, dass Pistazien extrem säuernd sind!

Sonnenblumenkerne

Die Sonnenblume stammt ursprünglich aus Nordamerika und wurde durch die spanischen Eroberer nach Europa gebracht. 100 Gramm Sonnenblumenkerne enthalten etwa 24 Gramm Eiweiß, 20 Gramm Kohlenhydrate und 47 Gramm Fett und haben 524 kcal. In den Kernen steckt eine erstaunlich vielfältige Anzahl an Vitaminen: Vitamin A, Vitamin B, Vitamin D, Vitamin E und Vitamin K. Zusätzlich enthalten die Kerne Kalzium, Magnesium, Eisen und Selen. Kalzium stärkt die Knochen und Zähne, Magnesium unterstützt die Muskeln, Eisen bringt den Sauerstofftransport auf Trab und Selen wirkt im Körper antioxidativ. Vitamin A ist gut für Augen und Haut, Vitamin B stärkt die Nerven und die Immunabwehr und Vitamin D regelt den Kalzium- und Phosphatstoffwechsel. Vitamin E neutralisiert freie Radikale und senkt das Herzinfarktrisiko, Vitamin K normalisiert die Blutgerinnung. Reife Sonnenblumenkerne sehen tiefschwarz aus. Luftgetrocknete Sonnenblumensamen enthalten 28 Prozent Öl, während sich aus enthülsten Sonnenblumenkernen 42 bis 63 Prozent Öl gewinnen lässt.

Sonnenblumenöl wird in unseren Breiten sehr häufig verwendet. Doch in diesem Öl beträgt das Verhältnis von Omega-6- zu Omega-3-Fettsäuren 120 : 1, daher sollte es mit Vorsicht und nur in Maßen zum Einsatz kommen. Der häufige Verzehr von Sonnenblumenöl kann zu massiven Entzündungen im Körper führen.

Und nicht nur das: Ein Zuviel an Omega-6-Fettsäuren verengt die Blutgefäße, verdickt das Blut, erhöht den Blutdruck und fördert Hormonstörungen.

Walnüsse (pH-Wert -8,0)

Der bis zu 30 Meter hoch werdende Walnussbaum *Nux Juglandis regia* ist einer der ältesten Bäume der Welt. Vermutlich stammt er aus der Eiszeit. Hauptanbauland sind derzeit die USA neben den Ländern der ehemaligen UDSSR, China, Italien und der Türkei.

Die meisten in Deutschland erhältlichen Walnüsse stammen aus Kalifornien, aber auch im süddeutschen Raum kann man im Spätsommer leckere Walnüsse ernten.

Die Walnuss gilt als vollwertiges Nahrungsmittel. Ihr wird nachgesagt, dass sie das seelische Gleichgewicht stabilisiert und die natürliche Schönheit fördert. Verantwortlich dafür sind die in ihr enthaltenen B-Vitamine, die unsere Nerven und Psyche kräftigen und auch dazu beitragen, dass Haut und Haare vital bleiben. Der Gesamtnährwert der Walnuss übertrifft den Nährwert von Rindfleisch bei Weitem! Es ist erwiesen, dass *der tägliche Verzehr von etwa 50 Gramm Walnüssen das Risiko von Herzerkrankungen senken kann!*

Die Aussage „Fünf Walnüsse täglich halten die Arterien frei“ müsste ebenso verbreitet sein wie der Spruch „Ein Apfel am Tag den Doktor spart“. Darüber hinaus sind Walnüsse eine natürliche Melatonin-Quelle. Weitere nützliche Informationen finden Sie unter *www.walnuss.info*.

Zedernkerne

Die 3 bis10 Millimeter großen Samen aus den Zapfen der Sibirischen Zeder sind mit einem Anteil von circa 66,3 Prozent außergewöhnlich reich an mehrfach ungesättigten Fettsäuren. Das Fett

Walnüsse sind die Nummer eins, wenn es um Antioxidantien geht: Sie liefern größere Mengen und hochwertigere Freie-Radikale-Fänger als jede andere Nuss und schützen so vor Zellschäden.

der Zedernkerne unterscheidet sich von anderen Fetten durch seinen hohen Anteil an ungesättigten Fettsäuren, besonders der Linolensäure. Zedernkerne enthalten zudem wichtige Kohlenhydrate und Eiweiße, Vitamin B, D und E sowie viel Mangan, Eisen, Magnesium und natürliches Jod. Zedernkerne übertreffen alle anderen Pflanzen in ihrem Phosphatidgehalt, der in Wachstumsphasen für den Menschen sehr wichtig ist. Ihre Inhaltsstoffe fördern unter anderem unsere physische und psychische Leistungsfähigkeit und wirken blutreinigend. Bereits im 18. Jahrhundert betonte der russische Akademiker Pallas, dass besonders die Früchte der Sibirischen Zeder eine verjüngende und potenzstärkende Wirkung haben und bei regelmäßiger Einnahme immunstärkend wirken.

Abgesehen von ihrer positiven Wirkung auf unsere Gesundheit schmecken Zedernkerne auch einmalig gut.

Bezugsquellen für Zedernkerne und Zedernnussöl: siehe Seite 152 ff.

Zur Lagerung geschälter Nüsse

Nüsse sind reich an Fetten. Geschält und dem Sauerstoff der Luft ausgesetzt neigen sie aber zum Ranzigwerden. Um dem entgegenzuwirken, ist es gut, wenn geschälte Nüsse vakuumverpackt werden. Sobald die Vakuum-Verpackung angebrochen ist, sollten die Nüsse wieder so gut wie möglich in der Tüte verschlossen werden. Oder man gibt sie in ein Gefäß, aus dem man die Luft entweichen lassen kann. Geschälte Nüsse sollten vorzugsweise lichtgeschützt und kühl gelagert werden. Kälte verlangsamt den Prozess des Ranzigwerdens.

KAPITEL 2

SAMEN

Buchweizen

Buchweizen gehört botanisch nicht zu den Getreidearten, sondern ist ein Knöterichgewächs wie zum Beispiel der Rhabarber und der Sauerampfer. Obwohl Buchweizen kein Getreide ist, entspricht er in den meisten seiner Eigenschaften den Getreidearten. Er enthält Mineralien, Vitamine und Eiweiß. Das Eiweiß des Buchweizens enthält sämtliche essenziellen Aminosäuren. Sein hoher Anteil an Lysin (eine essenzielle Aminosäure) zeichnet Buchweizen als vollwertige Eiweißnahrung aus – vergleichbar mit Fleisch. Sein Fettanteil enthält die erwünschten ungesättigten Fettsäuren (Öl- und Linolsäure) sowie das cholesterinsenkende Beta-Sitosterin. Wegen des fehlenden Glutens ist Buchweizen zum Brotbacken in der herkömmlichen Küche jedoch ungeeignet, dafür aber umso geeigneter für Menschen, die eine Glutenunverträglichkeit (*Zöliakie*) haben. Die Blüten und die grünen Pflanzenteile des Buchweizens enthalten Rutin, das bei Venenleiden medizinische Anwendung findet, bei Kreislaufproblemen hilft, den Blutdruck senkt und die Blutgefäße erweitert. Als homöopathisches Heilmittel bei der Behandlung von Ekzemen und Lebererkrankungen werden die Blätter ebenso verwendet. Bei Typ-II-Diabetes wird Buchweizen als hilfreich angesehen. Die Forschungsergebnisse auf diesem Gebiet sind vielversprechend. Diese Pflanze ist reich an Eisen, Zink und Proteinen. Buchweizen ist ein wertvolles Nahrungsmittel, das viel Eiweiß und Stärke enthält. Er lässt sich auch in der Rohkostküche ausgezeichnet als Nähr- und Stärkungsmittel einsetzen. Wird das Korn angekeimt verzehrt, ist es die am leichtesten verdauliche getreideähnliche Nahrung mit dem höchsten Nährwertgehalt.

Buchweizen hilft bei Diabetes, Krampfadern und Bluthochdruck. Gekeimter Buchweizen ist reich an lebendigen Enzymen, Vitalstoffen, hochwertigen Mineralien und leicht verdaulichen Proteinen.

Chiasamen

Chiasamen sind ein seit dem Altertum genutztes Superlebensmittel, das von den Mayas, Azteken und Inkas verwendet wurde und bereits seit 5500 Jahren bekannt ist.

Chiasaat stammt von der Salbei-Art *Salvia hispanica* ab, die ursprünglich in Mexiko und Guatemala beheimatet ist. Bei den Azteken und Mayas gehörten Chiasamen zu den Grundnahrungsmitteln und waren für die aztekischen Krieger eine wahre Überlebensration: 2 Esslöffel voll Samen konnten eine Person 24 Stunden lang stärken. *Chia* bedeutet in der Sprache der Mayas „Kraft“ und war die „Läufer-Nahrung“ der Nachrichtenläufer. Sie konnten den ganzen Tag laufen, wenn sie Chiasamen zu sich nahmen. Chiasamen wurden auch als Medizin angesehen und sollen sogar teurer als Gold gehandelt worden sein – aufgrund ihrer unglaublich gesundheitsfördernden Eigenschaften.

Heutzutage nehmen Athleten, insbesondere Ausdauerläufer und Kraftsportler, rund um den Globus Chiasamen häufig vor, während und nach dem Sport zu sich. Eine der besonderen Eigenschaften der Chiasamen ist ihr sehr hoher Gehalt an Omega-3-Fettsäuren sowie ihr ideales Verhältnis von Omega-3- zu Omega-6 Fettsäuren.

Chiasamen sind für eine kalorienbewusste Ernährungsweise geeignet, cholesterinfrei, bestens geeignet für Sportler und Menschen, die auf ihren Blutzuckerspiegel achten müssen; sie fördern die Verdauung, sind gluten- und gentechnikfrei. Mit nur 2 Esslöffeln Chiasamen pro Tag nimmt man 7 Gramm Nahrungsfasern, 4 Gramm Protein, 200 Milligramm Kalzium und erstaunliche 5 Gramm Omega-3-Fettsäuren zu sich.

Chiasamen enthalten starke Antioxidantien (bekannt als wirksame Radikalfänger), die die Samen auf natürliche Weise frisch halten und sie vor dem Ranzigwerden schützen. Die in Chiasamen enthaltenen Omega-3-Fettsäuren können die mentale Klarheit verbessern, die Konzentration fördern und die Stimmung anheben. Darüber hinaus vermindern Chiasamen das Verlangen nach Süßigkeiten und Junkfood – der hohe Gehalt der in ihnen enthaltenen löslichen Ballaststoffe gibt über längere Zeit nicht raffinierte Kohlenhydrate ins Blut ab.

Chiasamen wirken darmreinigend und ermöglichen so dem Körper, mehr Schlacken loszuwerden und wieder mehr Nährstoffe aufzunehmen. Sie reduzieren zudem Verdauungsprobleme und Sodbrennen, ohne unerwünschte Nebenwirkungen. Sie sind dank ihrer den Blutzucker ausgleichenden Wirkung auch besonders für Diabetiker geeignet. Und Chiasamen können eine Gewichtsreduzierung unterstützen: In Wasser eingeweicht, machen sie ein Gericht sättigender, da sie Kohlenhydrate sehr langsam abgeben – ohne den Geschmack der Speise zu verändern.

Hanfsamen

Hanf ist eine der ältesten Kulturpflanzen der Welt, die in den letzten Jahrzehnten in Vergessenheit geraten ist, aber seit einigen Jahren wieder stark an Bedeutung gewinnt.

Heute ist die Wiederentdeckung von Hanf aus gesundheitlichen und ökologischen Gründen wichtiger als je zuvor. Hanf ist so vielfältig nutzbar wie kaum eine andere Pflanze und liefert Rohstoffe für Nahrung, Textilien, Kosmetika und Baumaterialien. Einfach anzubauen, schnell nachwachsend und extrem robust, braucht Hanf keine „chemischen Keulen", um widerstandsfähig gegen Ungeziefer und Unkraut zu sein – ein „von Natur aus umweltfreundlicher" Rohstoff. Hanf verbessert die Bodenstruktur, baut CO_2 ab und wirkt damit dem Treibhauseffekt entgegen. Die Wiederentdeckung von Hanf als Kulturpflanze ist daher ein wichtiger Beitrag zur Erhaltung des ökologischen Gleichgewichts.

Lebensmittel aus und mit Hanf sind ernährungsphysiologisch sehr wertvoll. Die Einnahme zum Beispiel von Hanföl oder Hanfnüssen kann helfen, Bluthochdruck und den Cholesterinspiegel zu senken, stärkt das Immunsystem und unterstützt den Stoffwechsel. Körper und Geist werden so mit Lecithin, Vitamin E, Mineralien und Spurenelementen versorgt. Daher sind Hanfnüsse ein idealer Beitrag zur täglichen Ernährung.

„Hanfnussöl" oder auch „Hanföl" wird aus den Samen des Hanfs gewonnen. Es schmeckt angenehm mild und nussig und zeichnet sich durch die Fettsäuren (Omega 9), Linol (Omega 6)- und Linolensäure (Omega 3) sowie Gamma-Linolensäure (Omega 6) aus, die es in einer optimalen Zusammensetzung enthält (Omega 3 zu Omega 6 im Verhältnis 1 : 3). Hanföl gehört zu den Toplieferanten für Omega-3-Fettsäuren, ist cholesterinfrei und unterstützt den gesunden Zellstoffwechsel und das Immunsystem.

Leinsamen

Als Leinsamen wird der Samen des Flachses bezeichnet, der zur Gruppe des Allgemeinen Leins gehört. Leinsamen werden schon seit Jahrtausenden vor allem in Indien, aber auch in Afrika angebaut und genutzt. Leinsamen haben einen hohen gesundheitlichen Wert. Sie sind in zwei verschiedenen Sorten erhältlich. Eine davon hat eine gelbe Schale, die andere eine braune. Leinsamen schmecken leicht nussig und lassen sich in der Rohkostküche vielseitig einsetzen. Sie kommen in unterschiedlichen Qualitäten in den Handel. Die biologisch angebauten Sorten sind hochwertig und sondern viel mehr Schleim ab als Sorten mit geringer Qualität. Leinsamenschleim nimmt sofort den Hungerschmerz und eignet sich hervorragend zum Bekömmlichmachen roher Frucht- und Gemüsesäfte. Leinsamen enthalten etwa 40 Prozent Fett, das zu Leinöl gepresst werden kann. Die

Wer Leinsamen auf seinen Speiseplan setzt, tut sich Gutes, er wird wieder gesund und schützt sich vor dem „Bösen", das der eigene Körper bisweilen produziert.

mehrfach ungesättigte Omega-3-Fettsäure Alpha-Linolensäure hat darin einen Anteil von etwa 50 Prozent. Das ist eine der höchsten Konzentrationen von Omega-3-Fettsäuren aller bekannten Pflanzenöle. Leinöl ist das einzige Öl, das mehr Omega-3- als Omega-6-Fettsäuren enthält (56 bis 71 Prozent).

Leinöl versorgt uns somit bestens mit Omega-3-Fettsäuren und ist ein wahrer Zellatmungsbooster. Von allen Ölsaaten hat Leinöl sicherlich den höchsten gesundheitlichen Wert. Forscher von den Universitäten Heidelberg, Rostock und Toronto haben die krebshemmende Wirkung von Leinöl erneut bestätigt. Dennoch ist es ratsam, dieses Öl nicht ausschließlich zu verwenden, um einer ernährungsphysiologischen Einseitigkeit vorzubeugen.

Erwähnenswert ist auch der große Erfolg von Dr. Johanna Budwig in der Krebstherapie. Sie therapierte mit einer Mischung aus Quark und Leinöl Krebspatienten, die nach den herkömmlichen Methoden als unheilbar galten (siehe dazu die Literaturhinweise auf Seite 155 f.).

Weitere wichtige Inhaltsstoffe im Leinsamen sind die Schleimstoffe, Linamarin, Eiweiß, Lecithin, Sterine, die Vitamine B_1, B_2, B_6, E sowie Nikotin-, Fol- und Pantothensäure. Die Schleimstoffe im Leinsamen haben sich als natürliches Abführmittel bewährt. Um das zu erreichen, muss der Samen jedoch geschrotet und dann zu Mehl vermahlen werden. Oder er muss zumindest aufgebrochen werden. Vor dem Verzehr wird dieses Mehl oder der aufgebrochene Leinsamen in Wasser eingeweicht. So entsteht der Leinsamenschleim. Die abführende Wirkung beruht darauf, dass in der Schale des Leinsamens Schleime enthalten sind, die durch Wasseraufnahme quellen können. Dadurch wird auch der Stuhl nach dem Verzehr weicher. Die mit der Quellung einhergehende Volumenzunahme reizt die in der Darmwand befindlichen Dehnungsrezeptoren, sodass es zum Stuhlentleerungsreflex kommt. Leinsamenschleim hat bei Gastritis eine schützende Wirkung auf die Magenschleimhaut. Darüber hinaus gibt es Hinweise darauf, dass Leinsamenschleim gegen Prostatakrebs vorbeugen kann.

Sesamsamen

100 Gramm Sesam enthalten 780 Milligramm Kalzium! Das ist fast so viel, wie in einem Liter Kuhmilch enthalten ist. Sesam ist ein wichtiger Helfer in der Diätetik. Er enthält 50 bis 60 Prozent Öl, etwa 20 Prozent Eiweiß und 16 Prozent Kohlehydrate.

In der Rohkostküche wird die aus fein gemahlenem Sesamsamen hergestellte Sesampaste – auch unter dem Namen „Tahin" oder „Tahina" bekannt – sehr gerne verwendet. Tahina ist sahnefarben und in der Konsistenz wie Erdnussbutter. In der ayurvedischen Heilkunde wird das Öl des Sesamsamens benutzt, um giftige Schwermetalle oder organische Lösungsmittel aus der Haut herauszulösen.

Sesamsamen sind die Früchte einer der ältesten Kulturpflanzen der Welt. Ihre Verwendung reicht bis weit in die Menschheitsgeschichte zurück. Bereits die alten Ägypter kannten sie, wie eine Grabbeigabe in der Pyramide des ägyptischen Pharaos Tutenchamun beweist. Bilder aus Tausendundeiner Nacht erwachen im Zusammenhang mit Sesam. „Sesam öffne Dich" hieß der Zauberspruch, der ungeahnte Reichtümer offenbarte und Wohlstand verhieß. Tatsächlich lässt sich dieser Zauber noch heute beobachten. Die Sesamkörner werden von einer Kapsel geschützt, die erst aufspringt, wenn die Samen vollständig ausgreift sind und so die Saat freigibt. Da die Reifezeit der einzelnen Kapseln sehr unterschiedlich ist, müssen die Kapseln mühevoll von Hand geerntet und anschließend, wenn nötig, zum Nachreifen aufgestellt werden.

Bevor Sie anfangen:

Samen mit hohem Fettgehalt sind Samen mit hohem Eiweißgehalt vorzuziehen. Viel Fett enthalten die Samen von Flachs, Kürbis, Sesam und die frische Kokosnuss. Die Samen von Getreide und Hülsenfrüchten sind eiweißhaltig. Deshalb verwende ich diese Samen, wenn überhaupt, nur äußerst sparsam.

Proteine beziehungsweise Eiweiße bedeuten harte Arbeit für

unseren Körper und können, wenn sie über längere Zeit gegessen werden (ob roh oder erhitzt) einen zähen klebrigen Rückstand in unserem Körper hinterlassen, der die feinen Lymph- und Blutgefäße verstopft.

Die gezielte Auswahl der Nüsse und Samen, die wir essen wollen, sowie deren richtige Behandlung und Zubereitung bringen in der Rohkostküche Gaumenfreuden gepaart mit Gesundheit auf den Tisch.

KAPITEL 3

VORSPEISEN UND SALATE

Chartreuse vom weißen Rettich an Tomaten-Chili-Soße**

Zutaten für 4 Personen

Für die Chartreuse:
1 weißer Rettich
1 TL Himalajasalz
3 Tomaten (aromatische Sorte)
200 g Walnüsse (10 Stunden in Quellwasser eingeweicht und gut abgetropft)
1 EL rohes Walnussmus
1 Msp. Himalajasalz
1 TL Mexi Chili Miso
100 g Mungobohnensprossen (auch bekannt als Soyabohnensprossen)
4 Handvoll Sprossenmix

Für die Tomaten-Chili-Soße:
3 Tomaten
3 getrocknete Tomaten (in 4 EL Quellwasser eingeweicht und nicht abgetropft!)
1 Handvoll Rosinen (in so viel Quellwasser eingeweicht, dass sie gerade bedeckt sind und sich gut vollsaugen können)
2 EL kalt gepresstes Olivenöl
1 TL Zitronensaft
1 Msp. Himalajasalz
1 kleine Chilischote

Chartreuse: Den Rettich schälen, die Enden abschneiden und mit dem Gemüsehobel (am besten mit einem Gourmethobel von Rösle, bei dem man die Schnittstärke einstellen kann) der Länge nach in ganz dünne Streifen schneiden. In eine Glasschüssel geben und mit Himalajasalz bestreuen. Die Streifen beiseitestellen und ab und zu umdrehen.

Während die Streifen Wasser ziehen beziehungsweise „weinen", die Tomaten wie einen Apfel schälen, die harten Teile herausschneiden und das Tomatenfleisch in einen Mixer geben. Die Walnüsse mit dem Walnussmus, dem Himalajasalz und dem Mexi Chili Miso dazugeben und im Mixer gut durchpürieren. Die Tomaten in circa 1 Zentimeter dicke Streifen schneiden und mit den Mungbohnensprossen unter die Nussmasse heben.

Dann pro Person drei oder vier der Rettichstreifen so auf einem Teller auslegen, dass sie sich überlappen. Jeweils 3 Esslöffel der Nussmasse daraufschichten und mit den Rettichsteifen einwickeln.

Tomaten-Chili-Soße: Die Tomaten wie einen Apfel schälen und die harten Teile entfernen. Alle Zutaten außer der Chilischote in einem Mixer zu einer cremigen Soße pürieren. Danach den Strunk und die Kerne der Chilischote entfernen (*Vorsicht!* Die Finger dabei nicht in die Augen bringen!). Die Schote ganz fein wiegen und unter die Tomatensoße mischen.

Je eine Chartreuse hübsch auf einem Teller anrichten, mit einem Sprossensträußchen verzieren und mit der Soße umgießen.

Einweichzeit: 10 Stunden
Zubereitungszeit: 45 Minuten
Haltbarkeit: 1 Tag
Geräte: Gemüsehobel, Mixer

Flan von der Karotte und der Gurke an Sauercreme mit Gurkensalat***

Zutaten für eine Hauptspeise für 2 Personen oder eine Vorspeise für 4 Personen

Für den Flan:
1 Salatgurke
1 Orange
2 Cherrytomaten
100 g Kürbiskerne (10 Stunden in Quellwasser eingeweicht und gut abgetropft)
50 g Sonnenblumenkerne (10 Stunden in Quellwasser eingeweicht und gut abgetropft)
60 g frische Salatgurke
1 Avocado (Hass)
2 Handvoll Petersilie
1 TL helles Miso
2 TL Currypulver
300 g Karotten
150 g Cashewkerne (10 Stunden in Quellwasser eingeweicht und gut abgetropft)
1 Orange
40 g helle Rosinen
½ TL Himalajasalz

Für die Sauercreme:
50 g Kokosnussfleisch (von einer jungen Kokosnuss, da sie noch weiches Fleisch hat)
1 Zitrone
50 g Pinienkerne (10 Stunden in Quellwasser eingeweicht und gut abgetropft)
½ TL helles Miso
2 Msp. Himalajasalz
⅛ l Quellwasser

Für den Gurkensalat:
1 Salatgurke
1 Zitrone
1 Handvoll Petersilie
4 EL kalt gepresstes Olivenöl
½ TL Himalajasalz

Flan: Die Salatgurke mit dem Gemüsehobel in circa 4 Millimeter dicke Scheiben schneiden und im Dörrgerät 10 Stunden bei 40 °C trocknen lassen. Eine Gurkenscheibe aufbewahren, die restlichen im Mixer zu Pulver verarbeiten und zur Seite stellen.

Die Orange auspressen. Die Cherrytomaten schälen. Mit Kürbiskernen, Sonnenblumenkernen, 60 Gramm frischer Salatgurke und dem Orangensaft im Mixer fein pürieren. Die Avocado halbieren, den Kern entfernen und mit einem Löffel das Fruchtfleisch aus der Schale lösen. Mit der Gabel zerdrücken. Die Petersilie fein wiegen. Nun alle Zutaten mit Miso und Currypulver in einer Glas- oder Keramikschüssel gut vermischen und zur Seite stellen.

Die Karotten mit der Gemüsereibe fein raspeln. Die Cashewkerne schälen. Die Orange auspressen und mit den Cashewkernen, den Rosinen und dem Orangensaft im Mixer fein pürieren. Mit dem Himalajasalz verfeinern. Auch diese Zutaten in einer Glas- oder Keramikschüssel gut vermischen und ebenfalls beiseitestellen.

Eine Form mit einem Fassungsvermögen von circa 200 Millilitern möglichst „faltenfrei" mit Klarsichtfolie auslegen. (Für eine Vorspeise die Form entsprechend kleiner wählen.) Eine Gurkenscheibe flach einlegen. Die Füllungen im Wechsel jeweils circa 1 Zentimeter dick einfüllen. Mit Folie bedecken und mindestens eine Stunde im Kühlschrank kaltstellen.

Sauercreme: Die Zitrone auspressen. Die Kokosnuss öffnen und das Fruchtfleisch mit einem Löffel herausschälen. Mit Pinienkernen, Miso und Himalajasalz im Mixer zu einer dickflüssigen Sauercreme pürieren. Mit Quellwasser verdünnen, falls sie zu dick werden sollte. Oder mit mehr Zitrone abschmecken, wenn gewünscht.

Gurkensalat: Die Gurke mit dem Gemüsehobel (am besten mit einem Gourmethobel von Rösle, bei dem man die Schnittstärke variieren kann) in Scheiben schneiden. Die Zitrone auspressen. Die Petersilie fein wiegen.

Die Gurkenscheiben dekorativ auf einen Teller legen. Mit Zitronensaft und Olivenöl beträufeln, Himalajasalz und die Petersilie darüberstreuen.

➤➤

Den Flan in die Mitte des Tellers stürzen. Mit der Sauercreme umgießen.

Einweichzeit: 10 Stunden
Zubereitungszeit: 50 Minuten
Trockenzeit: 10 Stunden
Haltbarkeit: 0
Geräte: Gemüsehobel, Gemüsereibe, Dörrgerät, Mixer

Dulse-Bärlauch-Crisps**

Zutaten für ca. 60 Stück

- 15 g Dulsealgen
- ½ TL Meersalz
- 2 EL Nama-Bio Tamari
- ½ TL Lustgewürz
- 200 g helle Leinsamen
- Quellwasser
- 300 g Zucchini
- 55 g frischer Bärlauch

Die Dulsealgen klein schneiden und mit dem Meersalz, dem Tamari, dem Lustgewürz und den Leinsamen über Nacht mit so viel Quellwasser einweichen, dass die trockenen Zutaten gut bedeckt sind. Bitte ab und zu überprüfen, ob das Wasser ausreicht – es sollte eine weiche, klebrige und nicht zu flüssige Masse entstehen.

Am nächsten Tag den Strunk und das Anfangsstück der Zucchini entfernen und diese mit einem groben Gemüsehobel in kleine Stifte schneiden. Unter die Leinsamenmasse mischen. Den Bärlauch klein wiegen und ebenfalls unter die Leinsamenmasse geben.

Auf einer Dörrfolie nach Belieben individuelle Formen ausstreichen und die Leinsamenmasse circa 7 Stunden im Dörrgerät

bei 40 °C trocknen lassen. Ich habe die ganze Folie ausgestrichen und die Leinsamenmasse nach der Hälfte der Trockenzeit mit dem Pizzaschneider in Rauten geschnitten. Bitte mit Fingerspitzengefühl ausstreichen. Die Masse sollte nicht zu dick, aber auch nicht zu dünn sein.

Einweichzeit: 12 Stunden
Zubereitungszeit: 20 Minuten
Trockenzeit: ca. 7 Stunden
Haltbarkeit: 3 Monate
Geräte: Gemüsehobel, Dörrgerät

Bärlauchburger**

Zutaten für 4 Personen

2 Tomaten
½ Salatgurke
8 Scheiben Tomaten-Knusperbrot (Rezept in *Rohköstlichkeiten zum Frühstück,* Seite 117)
16 Bärlauchblätter
12 EL Mayonnaise (Grundrezept auf Seite 127)
8 EL Ketchup (Grundrezept auf Seite 126)
1 EL ungeschälter Sesam

Die Tomaten wie einen Apfel schälen und halbieren. Die harten Teile herausschneiden und die Tomaten in Scheiben schneiden. Die Gurke waschen und in etwas dickere Scheiben schneiden. Die Bärlauchblätter waschen und mit einem Küchentuch trocken tupfen.

Wenn alle Zutaten vorbereitet sind, die Burger zusammensetzen: Die untere Lage bildet ein Tomaten-Knusperbrot. Darauf etwas Mayonnaise streichen. Anschließend die Tomatenscheiben darauflegen, dann die Gurkenscheiben. Den Abschluss der ersten Lage bildet der Ketchup. Die obere Lage ebenso zusammensetzen und noch einen Löffel Mayonnaise auf das Ganze streichen.

Den Burger mit Sesam und einem Bärlauchblatt verzieren und – guten Appetit!

Vorbereitungszeit: 3 Tage
Zubereitungszeit: 30 Minuten
Haltbarkeit: 0
Geräte: Keimgerät, Küchenmaschine, Mixer und Dörrgerät

Terrine vom milchsauren Rettich an schwarzer Olivensoße***

Zutaten für ca. 8 dicke Scheiben

Für die Terrine:
400 g Karotten (milchsauer eingelegt; Grundrezept auf Seite 128)
300 g Macadamianüsse (10 Stunden in Quellwasser eingeweicht und gut abgetropft)
1 TL Nama Shoyu
40 halbe getrocknete Tomaten (10 Stunden in Quellwasser eingeweicht und gut abgetropft, bitte das Abtropfwasser für die Soße aufbewahren)
1 TL Oregano
20 Basilikumblätter
1 weißer Rettich (milchsauer eingelegt; Grundrezepte für milchsauer eingelegtes Gemüse auf Seite 128 ff.)
200 g frische Spinatblätter

Für die Olivensoße:
8 Tomaten
12 schwarze Oliven (Jumbo)
12 Datteln (Fersi)
4 EL kalt gepresstes Olivenöl
1 TL Nama Shoyu
6 EL Abtropfwasser der eingelegten Tomaten

Terrine: Eine Terrinen- oder Kuchen-Kastenform mit Klarsichtfolie auslegen. Die Folie gut überstehen lassen. Zwei Drittel der Karotten mit den Macadamianüssen in einem Mixer zu einer festen Masse verarbeiten. Die restlichen Karotten unterheben. Die abgetropften Tomaten klein schneiden und mit dem Nama Shoyu und den gewiegten Kräutern würzen. Mit den Rettichstreifen die Terrine so auslegen, dass die Streifen lückenlos den Boden und die Seiten bedecken. Die Rettichstreifen auch so weit als möglich über die Ränder hängen lassen. Die erste Lage mit den Spinatblättern belegen. Für die zweite Lage die Karottenmasse ausstreichen. ➤➤

Die dritte Lage mit Rettich belegen und danach wieder mit Spinatblättern. Auf der fünften Lage die eingelegten Tomaten verteilen, dann mit Rettich und Spinatblättern fortfahren. Die letzte Lage bildet der Rest der Karotten.

Um die Terrine fertigzustellen, werden nun die überstehenden Rettichstreifen quer darüber gelegt und ggf. gefaltet. Die Klarsichtfolie straff darüberziehen und die Terrine damit gut zusammendrücken.

Die Terrine einen Tag im Kühlschrank durchziehen lassen.

Olivensoße: Die Tomaten schälen und die harten Teile entfernen. Die Oliven und die Datteln entkernen. Alle Zutaten im Mixer zu einer homogenen Soße verarbeiten. Die Konsistenz kann beliebig durch Zugabe von mehr oder weniger Tomatenwasser verändert werden.

Einweichzeit: 10 Stunden
Zubereitungszeit: 45 Minuten
Haltbarkeit: 0
Geräte: Mixer

Gurkensalat mit Borretsch und Borretschblüten*

Zutaten für 2 Personen

Für den Gurkensalat:
1 Salatgurke
1 TL Himalajasalz
1 TL Senfkörner

Für die Soße:
½ Zitrone
5 EL Nama Shoyu
15 EL kalt gepresstes Olivenöl
2 TL Naturhefe
1 EL rohes Mandelpüree
8 Borretschblätter
16 Borretschblüten

Gurkensalat: Die Salatgurke mit dem Gemüsehobel fein schneiden und etwas Himalajasalz darüberstreuen, damit die Gurke Wasser ziehen kann. Die Senfkörner im Mörser zerstoßen und unter die gesalzenen Gurkenstreifen mischen. Etwa 2 Stunden ziehen lassen.

Soße: Die Zitrone auspressen. Nama Shoyu, Olivenöl, Hefe und Zitronensaft gut mixen. Über die eingelegten Gurken geben und vermischen. Noch einmal circa 1 Stunde ziehen lassen. Dann die Flüssigkeit abgießen, die sich in der Zwischenzeit gebildet hat, und mit dem Mandelpüree und den Borretschblättern im Mixer zu einer Salatcreme vermischen. Die Creme wieder über die Gurken geben. Durchmischen und die Borretschblüten darüberstreuen.

Vorbereitungszeit: 0
Zubereitungszeit: insgesamt 3 Stunden, davon 15 Minuten Arbeitszeit
Haltbarkeit: 0
Geräte: Gemüsehobel, Mixer

Timbale von Avocado und Tomate**

Zutaten für 2 Personen

Für die Avocadomousse:
1 Avocado (Hass)
1 TL Nama Shoyu
1 TL rohes Mandelmus
2 TL Zitronensaft
1 Msp. Himalajasalz
etwas Quellwasser

Für die Tomatenmousse:
3 mittelgroße Tomaten (z. B. Berner Rose)
40 g Dulse-Bärlauch-Crisps (Rezept auf Seite 48)
1 TL rohes Mandelmus
2 EL kalt gepresstes Olivenöl
2 TL Zitronensaft
1 Msp. Himalajasalz

Zur Dekoration:
2 Basilikumzweige

Avocadomousse: Die Avocado halbieren, den Kern entfernen und das Fruchtfleisch mit einem Löffel aus der Schale lösen. Mit den restlichen Zutaten in den Mixbecher geben. Gut durchmixen und beiseitestellen.

Tomatenmousse: Die Tomaten wie einen Apfel schälen und die harten Teile entfernen. Alle Zutaten gut durchmixen.

Die beiden Mousse abwechselnd in dekorative Gläser füllen und mit dem Basilikum dekorieren.

Vorbereitungszeit: 0
Zubereitungszeit: 20 Minuten
Haltbarkeit: 0
Geräte: Mixer

Geraspelte Süßkartoffel mit wildem Salat*

Zutaten für 2 Personen

1 große Süßkartoffel
1 Tomate
½ Zitrone
5 EL kalt gepresstes Olivenöl
1 TL helles Miso
1 EL Naturhefe
½ TL Himalajasalz
1 EL helle Chiasamen (über Nacht mit 1 Msp. Himalajasalz in 10 EL Wasser eingeweicht)
1 Handvoll Blätter vom wilden Salat (oder Rucola)

Die Süßkartoffel waschen und fein raspeln. Die Tomate schälen und die harten Teile herausschneiden. Die Zitrone auspressen und mit der Tomate, dem Olivenöl und den Gewürzen im Mixer zu einer Salatsoße verarbeiten. Die eingeweichten Chiasamen untermischen. Die Salatsoße gut unter die geraspelte Süßkartoffel heben. Den wilden Salat in feine Streifen schneiden und ebenfalls mit der Süßkartoffel vermengen.

Vorbereitungszeit: 0
Zubereitungszeit: 10 Minuten
Haltbarkeit: 0
Geräte: Gemüsereibe oder Champion-Entsafter, Mixer

Walnusspesto*

Zutaten für 2 Personen

- ½ reife Avocado (am besten die Sorte Hass)
- 100 g frische Walnüsse ohne Schale (am besten vom Markt; ersatzweise können Sie getrocknete Walnüsse verwenden, diese müssen jedoch über Nacht oder 10 Stunden in Quellwasser eingeweicht und dann gut abgespült sowie abgetropft werden)
- 2 EL Walnussöl
- 1 EL Nama-Bio Tamari
- 1 Msp. Himalajasalz
- 1 EL frische oder gerebelte Kräuter (z. B. Bärlauchpulver, Italienische Kräuter, Bruschetta-Kräuter oder fein geschnittene Kapuzinerkresse et cetera)

Die Avocadohälfte entkernen und das Fruchtfleisch mit einem Löffel aus der Schale lösen. Mit allen anderen Zutaten im Mixer zu einer cremigen Paste verarbeiten. Auf rohköstliches Brot (Rezepte dazu in *Rohköstlichkeiten für Genießer*, Seite 106 ff.) streichen und genießen.

Einweichzeit: abhängig von den verwendeten Nüssen zwischen 0 und 10 Stunden
Zubereitungszeit: 15 Minuten
Haltbarkeit: 0
Geräte: Mixer

KAPITEL 4

SUPPEN

Bärlauchcremesuppe*

Zutaten für 4 Personen

1 Avocado
1 Salatgurke
2 Tomaten
2 EL kalt gepresstes Olivenöl
2 EL Nama-Bio Tamari
1 TL Himalajasalz
10 frische oder 20 getrocknete Bärlauchblätter
ca. ¼ l Quellwasser (nach Belieben mehr)

Die Avocado halbieren, den Kern entfernen und das Fruchtfleisch mit einem Löffel aus der Schale lösen. Von der Gurke die Enden abschneiden und diese in Stücke schneiden. Die Tomaten wie einen Apfel schälen und die harten Teile entfernen, dann halbieren. Alle Zutaten in einen Mixer geben und gut durchmischen.

Tipp: Getrocknete Bärlauchblätter mahlen Sie vor dem Pürieren am besten im Mixer zu Pulver.

Vorbereitungszeit: 0
Zubereitungszeit: 15 Minuten
Haltbarkeit: 0
Geräte: Mixer

Maissuppe mit frischen Erbsen*

Zutaten für 2 Personen

4 frische Zuckermaiskolben
⅓ l Quellwasser
1 EL kalt gepresstes Olivenöl
1 EL rohes Mandelmus
1 TL Nama Shoyu
1 TL Zitronensaft
1 Msp. Himalajasalz
2 Handvoll frische junge Erbsen

Die Maiskörner vom Kolben schneiden, mit dem Quellwasser im Mixer pürieren und durch ein Haarsieb passieren. Die Masse anschließend mit dem Olivenöl, dem Mandelmus, dem Nama Shoyu, dem Zitronensaft und dem Himalajasalz im Mixer zu einer cremigen Suppe verarbeiten.

In zwei hübschen Tellern anrichten und die Erbsen darüberstreuen.

Vorbereitungszeit: 0
Zubereitungszeit: 15 Minuten
Haltbarkeit: 0
Geräte: Mixer

Wissenswertes:
Mais ist das Ergebnis einer 7000 Jahre langen Kultivierung. Vermutlich haben Indianerstämme in Mexiko mit dem Anbau des dort beheimateten Süßgrases *Teosinte* begonnen. Viele Generationen von Züchtern veränderten diese noch heute in Mittelamerika anzutreffende Urform in den heute bekannten Kulturmais. Im Verlauf dieser Entwicklung bildeten sich die ursprünglichen männlichen Blütenstände zu gedrungenen Kolben um, deren Größe um ein Vielfaches zunahm. Archäologische

Funde aus verschiedenen Epochen zeigen, dass die Kolben förmlich „explodierten": Während der indianischen Hochkultur (1500 n. Chr.) erreichten die Maiskolben das 50-fache Volumen der frühen Formen. Zur Zeit der spanischen Eroberer kultivierten die Inkas in Südamerika 350 verschiedene Maissorten, deren Erträge selbst nach heutigen Maßstäben erstaunlich hoch waren. In Amerika gibt es spezielle Gemüsemaiszüchtungen. „Sweetcorn", also Zuckermais heißt dort dieses delikate Gemüse. Der Mais, der in unseren Breiten angeboten wird, ist meist der ganz normale Futtermais in seiner Milchreife. Doch auch er schmeckt gut. Maiskörner sondern, wenn man sie einritzt, in diesem Reifestadium einen weißen, süßlichen Saft ab. Wir verwenden Maiskolben nur, wenn sie diesen Reifegrad erreicht haben. Maiskolben sollte man auch maximal 2 Tage aufbewahren, da sich danach der in den Körnern enthaltene Zucker in Stärke umwandelt.

Mais enthält hochwertiges Eiweiß, aber kaum Vitamine der B-Gruppe, dafür aber reichlich Vitamin A und E sowie zahlreiche Mineralstoffe.

Gazpacho*

Zutaten für 4 Personen

Für die Gazpacho:
8 halbe getrocknete Tomaten
1 Knollensellerie
4 große Tomaten
1 Salatgurke
4 EL rohes Mandelpüree
3 EL kalt gepresstes Olivenöl
1 TL Himalajasalz

Für die Einlage:
1 rote Paprika
1 grüne Paprika
2 Stangensellerie
2 Handvoll glatte Petersilie

Gazpacho: Die getrockneten Tomaten im Mixer zu „Mehl" verarbeiten. Die Sellerieknolle schälen und in maschinengerechte Stücke schneiden. Die Tomaten wie einen Apfel schälen und die harten Teile entfernen. Die Gurke schälen, die Enden abschneiden und ebenso in maschinengerechte Stücke schneiden. Alle Zutaten im Mixer zu einer cremigen Suppe verarbeiten.

Einlage: Die beiden Paprikaschoten entkernen, in kleine Würfel schneiden und farblich getrennt in zwei Schälchen geben. Selleriestangen in ebenso kleine Stücke schneiden und in ein Schälchen geben. Die Petersilie fein wiegen und ebenfalls in ein Schälchen geben.

Die vier Schälchen zur Suppe reichen, damit sich jeder so viel davon nehmen kann, wie er möchte.

Vorbereitungszeit: 0
Zubereitungszeit: 45 Minuten
Haltbarkeit: 0
Geräte: Mixer

Brokkolicremesuppe mit Kressestrauß*

Zutaten für 4 Personen

- 1 Handvoll Kressesamen
- 50 g Walnüsse (10 Stunden in Quellwasser eingeweicht und gut abgetropft)
- 10 g Rosinen (10 Stunden in Quellwasser eingeweicht und nicht abgetropft!)
- ½ Süßkartoffel
- 2 Tomaten
- 100 g Brokkoli (mit Blüten)
- 1 Sträußchen Liebstöckel
- ½ l Quellwasser
- 2 EL kalt gepresstes Olivenöl
- 2 EL Nama-Bio Tamari
- 1 EL Naturhefe
- ½ TL Himalajasalz

Kressesamen 3 Tage lang im Keimgerät ziehen. Die Süßkartoffel waschen. Die Tomaten wie einen Apfel schälen und die harten Teile entfernen. Den Strunk des Brokkolis schälen. Die Blätter des Liebstöckelsträußchens abzupfen und mit dem Brokkoli, den Walnüssen, den Rosinen inklusive Einweichwasser, der Süßkartoffel, den Tomaten, dem Quellwasser, dem Olivenöl und den Gewürzen im Mixer zu einer cremigen Suppe verarbeiten.

Mit Brokkoliblüten und den Kressesprossen dekorieren.

Vorbereitungszeit: Die Kressesprossen entweder fertig kaufen oder 3 Tage lang in einem Keimgerät ziehen.
Einweichzeit: 10 Stunden
Zubereitungszeit: 20 Minuten
Haltbarkeit: 0
Geräte: Keimgerät, Mixer

Paprikaschaumsuppe mit Kräuterklößchen**

Zutaten für 4 Personen

2 rote Paprika
1 Salatgurke
2 EL kalt gepresstes Olivenöl
1 EL rohes Mandelmus
1 EL Naturhefe
1 TL Paprikapulver
1 Msp. Chilipulver
1 Msp. Himalajasalz

100 g Mandeln (10 Stunden in Quellwasser eingeweicht und gut abgetropft)
1 Handvoll glatte Petersilie
1 Handvoll Liebstöckelkraut
1 Handvoll Estragon
1 Msp. Himalajasalz

Die Paprikaschoten waschen, halbieren und entkernen. Die Salatgurke ebenfalls waschen, schälen und in maschinengerechte Stücke schneiden. Die Paprikaschoten mit dem Olivenöl, dem Mandelmus, der Naturhefe und den Gewürzen in einen Mixer geben und zu einer cremigen Suppe verarbeiten. Falls die Suppe zu dickflüssig werden sollte, etwas Quellwasser zugeben.

Die eingeweichten Mandeln schälen (am besten mit der Hand, damit die Klößchen schön weiß werden) und in einer Küchenmaschine oder im Mixer sehr fein pürieren. Die Kräuter fein wiegen und mit dem Salz sowie der Mandelmasse gut vermischen.

Mit einem Kaffeelöffel kleine Klößchen von der Kräuter-Mandel-Masse abstechen und in die Suppe geben.

Einweichzeit: 10 Stunden
Zubereitungszeit: 30 Minuten
Haltbarkeit: 0
Geräte: Küchenmaschine oder Mixer

Kohlrabisuppe mit Sprossen vom Hanf*

Zutaten für 4 Personen

1 Handvoll Hanfnüsschen
1 Kohlrabi
2 Karotten
3/8 l Quellwasser
2 EL Leinöl
2 EL rohes Mandelmus
1 TL Soja Miso
1 Msp. Himalajasalz

Die Hanfnüsschen im Sprossengerät mindestens 3 Tage keimen lassen.

Den Kohlrabi schälen und vierteln. Drei Viertel in den Mixer geben und pürieren. Dann die Möhren und die übrigen Zutaten zugeben und zu einer cremigen Suppe verarbeiten. Das verbliebene Kohlrabiviertel in mundgerechte Stückchen schneiden und in die Suppe geben.

Die Suppe in hübsche Teller füllen und die Hanfkeimlinge darüber streuen.

Vorbereitungszeit: 3 Tage
Zubereitungszeit: 15 Minuten
Haltbarkeit: 0
Geräte: Keimgerät, Mixer

Champignoncremesuppe mit Azukibohnensprossen und Zitronenmelisse**

Zutaten für 4 Personen

Für die Suppe:
8 große Champignons
1 Zitrone
4 EL rohes Mandelmus
4 EL Nama-Bio Tamari
8 EL kalt gepresstes Olivenöl
3/8 l Quellwasser

Für die Einlage:
1 Handvoll Azukibohnen (ca. 4 Tage angekeimt)
½ TL Himalajasalz
36 Zitronenmelisseblätter

Suppe: Von den Champignons die Stiele entfernen. Die Zitrone auspressen. Alle Zutaten im Mixer zu einer cremigen Suppe verarbeiten.

Einlage: Die gekeimten Azukibohnen mit etwas Himalajasalz bestreuen. Die Zitronenmelisse fein wiegen und untermischen. Einige Blättchen davon aufbewahren und die Suppe damit dekorieren.

Vorbereitungszeit: 0
Zubereitungszeit: 10 Minuten
Haltbarkeit: 0
Geräte: Keimgerät, Mixer

Sellerieschaumsuppe an wilden Salatblüten*

Zutaten für 4 Personen

½ Knollensellerie
50 g Zedernkerne
3/8 l Quellwasser
1 EL Zedernussöl in Bio-Qualität
1 TL Zitronensaft
1 Msp. Himalajasalz
1 Handvoll frische wilde Salatblüten und -blätter

Den Knollensellerie schälen und in maschinengerechte Stücke schneiden. Aus den Zedernkernen im Mixer eine cremige Masse herstellen. Die übrigen Zutaten dazugeben und zu einer schaumigen Suppe verarbeiten.

In hübsche Teller füllen und mit Blüten und Blättern vom wilden Salat verzieren.

Vorbereitungszeit: 0
Zubereitungszeit: 15 Minuten
Haltbarkeit: 0
Geräte: Mixer

KAPITEL 5

HAUPTGERICHTE

Tortellini mit Tomatensoße und Rohmesan**

Zutaten für 4 Personen

Für die Tortellini:
1 Knollensellerie
1 TL Himalajasalz
ein paar frische Basilikumblätter

Für die Tomatensoße:
3 Tomaten
3 getrocknete Tomaten (in 4 EL Quellwasser eingeweicht und nicht abgetropft)
1 Handvoll Rosinen (in so viel Quellwasser eingeweicht, dass sie gerade bedeckt sind und sich gut vollsaugen können)
2 EL kalt gepresstes Olivenöl
1 TL Zitronensaft
1 Msp. Himalajasalz
1 TL getrocknete Italienische Kräuter

Für den Rohmesan:
200 g Walnüsse (10 Stunden in Quellwasser eingeweicht und gut abgetropft)
100 g Sonnenblumenkerne (10 Stunden in Quellwasser eingeweicht und gut abgetropft)
1 TL Miso Mediterran
1 Msp. Himalajasalz
1 EL Chiasamen (3 Stunden in 30 EL Quellwasser eingeweicht)
1 EL getrocknete Italienische Kräuter

Tortellini: Zunächst den Sellerie schälen und mit dem Gemüsehobel in dünne Scheiben schneiden. Mit Himalajasalz bestreuen und gut durchmischen.

Tomatensoße: Die Tomaten wie einen Apfel schälen und die harten Teile herausschneiden. Alle Zutaten bis auf die Italienischen Kräuter im Mixer zu einer cremigen Soße verarbeiten. Dann die Italienischen Kräuter untermischen und die Soße beiseitestellen.

Rohmesan: Die Walnüsse mit den Sonnenblumenkernen, dem Miso und dem Himalajasalz im Mixer gut pürieren. Italienische Kräuter und Chiasamen dazugeben. Jeweils einen Teelöffel der Nussmasse auf eine Selleriescheibe geben und Tortellini daraus formen.

Pro Person 5 Tortellini auf den Teller legen und dekorativ mit der Soße anrichten. Basilikumblätter und Rohmesan zwischen die Tortellini geben und servieren.

Einweichzeit: 10 Stunden
Zubereitungszeit: 40 Minuten
Haltbarkeit: 1 Tag
Geräte: Gemüsehobel, Mixer

Indisches Brokkolisteak mit Safranreis und Ananassoße***

Zutaten für 4 Personen

Für das Brokkolisteak:
400 g Brokkoli
4 Datteln (entkernt und 10 Stunden in Quellwasser eingeweicht)
100 g Mandeln (10 Stunden in Quellwasser eingeweicht und gut abgetropft)
4 Handvoll glatte Petersilie
2 TL fein gehackte frische Ingwerwurzel
½ TL Kardamom
¼ TL Kreuzkümmel
½ TL Koriander
1 EL Nama Shoyu
1 TL Zitronensaft
1 TL Himalajasalz

Für den Safranreis:
1 Pastinake
1 mittelgroßer Knollensellerie
200 g Pinienkerne (10 Stunden in Quellwasser eingeweicht und gut abgetropft)
100 g Rosinen (1 Stunde in Quellwasser eingeweicht und gut abgetropft)
3 Handvoll glatte Petersilie
½ Zitrone
3 EL kalt gepresstes Olivenöl
½ TL Kurkuma
½ TL Zimtpulver
¼ TL Nelkenpulver
½ TL Safran
1 TL Nama-Bio Tamari
1 TL Himalajasalz

Für die Ananassoße:
1 reife Banane
200 g Ananas
2 EL kalt gepresstes Olivenöl
¼ l Quellwasser
1 TL Himalajasalz
1 EL Nama-Shoyu
1 TL Chilipulver (je nach Geschmack)

Brokkolisteak: Die Brokkoliröschen fein wiegen. Den Strunk des Brokkolis schälen und mit der Gemüsereibe fein raspeln. Die

Datteln mit dem Einweichwasser und den abgetropften Mandeln im Mixer cremig pürieren. Die Petersilie grob wiegen. Alle Zutaten gut vermischen und circa 2 Zentimeter dicke Steaks daraus formen. Im Dörrgerät ungefähr 10 Stunden lang bei 40 °C trocknen lassen.

Safranreis: Die Pastinake, den Sellerie und die Pinienkerne in reiskorngroße Stückchen schneiden. Die Rosinen halbieren. Die Petersilie fein wiegen. Die Zitrone auspressen.

Diese Zutaten mit dem Olivenöl und den Gewürzen vermischen und gut 1 Stunde lang durchziehen lassen, damit sich die Gewürze entfalten können. Mit dem Tamari und dem Salz abschmecken.

Ananassoße: Die Banane und die Ananas schälen. Den Strunk der Ananas entfernen. Dann das Ananasfleisch mit der Banane, dem Olivenöl und dem Wasser im Mixer zu einer cremigen Soße verarbeiten. Mit dem Himalajasalz und den übrigen Gewürzen abschmecken.

Einweichzeit: 10 Stunden
Zubereitungszeit: 50 Minuten
Trockenzeit: 10 Stunden
Haltbarkeit: 0
Geräte: Gemüsereibe, Mixer, Dörrgerät

Millefeuille vom Kohlrabi an Karottensoße**

Zutaten für 4 Personen

Für die Millefeuille:
1 Kohlrabi
1 Avocado
100 g Sonnenblumenkerne (10 Stunden in Quellwasser eingeweicht und gut abgetropft)
1 EL rohes Mandelmus
1 TL Zitronensaft
2 Msp. Himalajasalz

Für die Karottensoße:
6 Karotten
2 EL rohes Mandelmus
1 TL Naturhefe
1 EL kalt gepresstes natives Leindotteröl
1 TL helles Miso
½ TL Zitronensaft

Millefeuille: Den Kohlrabi schälen und mit dem Gemüsehobel in dünne Scheiben schneiden. Die Avocado halbieren, den Kern entfernen, das Fruchtfleisch mit einem Löffel aus der Schale lösen und auf einem Teller mit der Gabel zerdrücken. Die eingeweichten Sonnenblumenkerne, das Mandelmus, den Zitronensaft und das Himalajasalz untermischen.

Auf einem Teller die Kohlrabischeiben und die Avocadomasse zur Millefeuille schichten.

Karottensoße: Von den Karotten die Enden entfernen. Dann die Karotten im Champion-Entsafter zu Saft pressen. Den Saft im Mixer mit dem Mandelmus, der Naturhefe, dem Leindotteröl, dem Miso und dem Zitronensaft zu einer cremigen Soße verarbeiten.

Die Millefeuille hübsch auf Tellern anrichten und mit der Karottensoße umgießen.

Einweichzeit: 10 Stunden
Zubereitungszeit: 30 Minuten
Haltbarkeit: 0
Geräte: Gemüsehobel, Champion-Entsafter, Mixer

Dim Sum vom Chinakohl mit Selleriefarce an pikant-süßer Soße***

Zutaten für 4 Personen

Für die Gemüsepäckchen:
400 g milchsauer eingelegte Karotten (Grundrezept auf Seite 128)
1 Salatgurke
1 Knollensellerie
4 Orangen
200 g Pekannüsse (10 Stunden in Quellwasser eingeweicht und gut abgetropft)
50 g getrocknete Pflaumen
2 EL Nama Shoyu
1 Handvoll glatte Petersilie
16 Blätter vom Chinakohl

Für die Soße:
½ Avocado (Hass)
2 Orangen
4 Datteln (Berem)
½ Salatgurke
½ rote Chilischote
1 TL Nama Shoyu

Gemüsepäckchen: Die milchsauer eingelegten Karotten in kleine Würfel schneiden. Die Hälfte der Gurke sowie den Sellerie ebenso in kleine Würfel schneiden. Die Orangen entsaften. Den Orangensaft mit der anderen Hälfte der Gurke, den Pekannüssen, den klein geschnittenen getrockneten Pflaumen und dem Shoyu im Mixer pürieren. Die Petersilie fein wiegen und mit Karotten, Gurke, Sellerie und der Pekannuss-Masse vermischen. Vom Chinakohl den ➤➤

Strunk entfernen. Die Blätter abtrennen und halbieren. In jede Blatthälfte 1 Esslöffel der Gemüsemasse setzen und zu jeweils 8 kleinen Päckchen pro Person zusammenrollen.

Soße: Die Avocado halbieren, den Kern entfernen und das Fruchtfleisch mit dem Löffel in eine Glas- oder Keramikschüssel geben. Die Orangen entsaften, die Datteln entkernen, die Gurke schälen und zum Avocadofleisch geben. Alles zu einer feinen Masse pürieren. Die Chili fein wiegen (*Vorsicht!* Die Finger dabei nicht in die Augen bringen!) und die Soße mit dem Shoyu abschmecken.

Einweichzeit: 10 Stunden
Zubereitungszeit: 45 Minuten
Haltbarkeit: 0
Geräte: Mixer oder Pürierstab

Cordon bleu vom Knollensellerie mit Rettichpommes und Ketchup***

Zutaten für 4 Personen

- 1 Knollensellerie
- 1 weißer Rettich
- 2 Scheiben Pizzabrot (Rezept in *Rohköstlichkeiten für Genießer*, Seite 110)
- 1 Handvoll glatte Petersilie
- ½ TL Kurkuma
- Kräuterfrischkäse (Rezept in *Rohköstlichkeiten zum Frühstück*, Seite 58)
- 8 EL Ketchup (oder mehr, je nach Bedarf; Grundrezept auf Seite 126)

Den Knollensellerie schälen und in 8 Scheiben von jeweils ½ Zentimeter Dicke schneiden. Den weißen Rettich schälen, die Enden abschneiden und den Rettich in viereckige „Pommes" schneiden. Das „Pizzabrot" im Mixer zu Paniermehl verarbeiten. Die Selleriescheiben in dem Paniermehl wälzen. Den Kräuterfrischkäse zwischen jeweils zwei Scheiben streichen und die Rettichpommes in Kurkumapulver wälzen.

Auf Tellern hübsch anrichten und mit Petersilienblättchen dekorieren. Den Ketchup in ein Schälchen geben und dazureichen.

Einweichzeit: 10 Stunden
Zubereitungszeit: 15 Minuten
Haltbarkeit: 2 Tage
Geräte: Mixer

Frühlingsrolle von der Gurke an Paprikasoße**

Zutaten für 4 Personen

Für die Frühlingsrolle:
1 Handvoll Mungbohnen- oder Linsensprossen
½ rote Paprika
½ gelbe Paprika
1 Avocado (Hass)
200 g Haselnüsse (10 Stunden in Quellwasser eingeweicht und gut abgetropft)
100 g Sonnenblumenkerne (10 Stunden in Quellwasser eingeweicht und gut abgetropft)
1 EL Naturhefe
½ TL Paprikapulver
1 Handvoll glatte Petersilie
½ TL Himalajasalz
1 große Salatgurke (möglichst gerade)

Für die Paprikasoße:
½ rote Paprika
½ gelbe Paprika
2 Datteln (entkernt und 10 Stunden in Quellwasser eingeweicht)
3 EL Leinöl
1 TL Naturhefe
½ TL Zitronensaft
1 Msp. Himalajasalz

Frühlingsrolle: Die Mungbohnen- oder Linsensprossen 3 bis 4 Tage keimen lassen, bis kleine Blättchen zu sehen sind.

Die Paprikaschoten waschen, halbieren und entkernen. Je eine Hälfte der roten sowie der gelben Paprika in Längsstreifen schneiden. Die Avocado halbieren, den Kern entfernen und das Fruchtfleisch mit einem Löffel aus der Schale lösen. Die abgetropften Haselnüsse und Sonnenblumenkerne in einen Mixer geben und gut durchmixen. Avocadofleisch, Naturhefe, Paprikapulver, Petersilie und Himalajasalz dazugeben und ebenfalls gut durchmixen.

Die Gurke in circa 10 Zentimeter lange Stücke schneiden und mit dem Gemüsehobel der Länge nach in dünne Streifen schneiden. Jeweils drei Gurkenstreifen so übereinanderschichten, dass Sie daraus eine schöne Frühlingsrolle drehen können. Dann die Gurkenlagen circa 1 Zentimeter hoch mit der Nuss-Avocado-Farce bestreichen.

Einige der Sprossen und Paprikastreifen etwas überstehend darauf legen und die Frühlingsrollen eindrehen.

Paprikasoße: Die Paprikaschoten waschen, halbieren, entkernen, klein schneiden und mit den übrigen Zutaten im Mixer zu einer sämigen Soße verarbeiten.

Die Frühlingsrollen hübsch auf Tellern anrichten, die Paprikasoße dazugeben und mit der glatten Petersilie verzieren.

Vorbereitungszeit: ca. 3 Tage
Zubereitungszeit: 45 Minuten
Haltbarkeit: 0
Geräte: Keimgerät, Mixer, Gemüsehobel

Herbstlicher Wickel vom Butternutkürbis mit feuriger Kokosnusssoße**

Zutaten für 4 Personen

Für den Wickel:
20 Blätter von der Roten Bete
1 Butternutkürbis
10 halbe getrocknete Tomaten
1 Banane
4 EL Sonnenblumenkerne
4 EL Leinsamen
2 TL helles Miso
2 EL Nama-Bio Tamari
2 EL Traubenkernöl

Für die Kokosnusssoße:
2 Fleischtomaten (z. B. Ochsenherz)
1 rote Peperoni
30 g getrocknete Ananas
1 EL Rosinen
1 EL Kokosöl in Rohkostqualität
1 TL Nama Shoyu

Wickel: Die Rote-Bete-Blätter auf einer Klarsichtfolie so anordnen, dass sie sich teilweise überlappen. Den Kürbis schälen, entkernen und im Champion-Entsafter (oder einer anderen Küchenmaschine) fein raspeln. Die getrockneten Tomaten fein zerschneiden. Die Banane schälen und mit der Gabel zerquetschen. Alle Zutaten für den Wickel gut vermischen und circa ½ Stunde ruhen lassen. Anschließend jeweils 3 Esslöffel der Füllung auf die vorbereiteten Blätter geben und mit den Blättern einen Wickel formen. Sollten die Blätter nicht gut zusammenhalten, können Sie sie mit Zahnstochern oder einem Lebensmittelfaden befestigen.

Kokosnusssoße: Die Tomaten wie einen Apfel schälen und die harten Teile entfernen. Den Stiel und die Kerne der Peperoni entfernen. (*Vorsicht!* Die Finger dabei nicht in die Augen bringen!) Mit den Ananasstücken, den Rosinen, dem Kokosöl und dem Shoyu in einem Mixer zu einer feurigen Soße verarbeiten.

Wickel und Soße dekorativ auf einem Teller anrichten.

Tipp: Die sichtbaren Blattadern der Rote-Bete-Blätter sind ein schöner Anblick auf der Außenseite der Wickel. Geben Sie dafür die Füllung am besten auf die Innenseiten der Blätter.

Vorbereitungszeit: 0
Zubereitungszeit: 45 Minuten
Haltbarkeit: 1 Tag
Geräte: Champion-Entsafter oder Küchenmaschine, Mixer

Spaghetti von der Roten Bete mit orientalischer Soße*

Zutaten für 2 Personen

- 1 Rote Bete
- 2 reife Bananen
- 2 EL rohes Mandelpüree
- 2 Orangen
- 1 EL Leinöl
- 1 Msp. Chilipulver
- 1 Msp. Currypulver
- frischer Ingwer (je nach Geschmack)

Die Rote Bete waschen, den Strunk entfernen, halbieren und mit der Legumette zu Spaghetti verarbeiten. Auf einem hübschen Teller anrichten. Die Bananen schälen und mit dem Mandelpüree, dem Saft der ausgepressten Orangen und dem Leinöl im Mixer zu einer cremigen Soße verarbeiten. Die Gewürze in die Soße geben und gut vermischen. Dann den Ingwer, wenn gewünscht, fein wiegen. Die Soße über die Spaghetti geben und den geschnittenen Ingwer in einem separaten Schälchen servieren.

Vorbereitungszeit: 0
Zubereitungszeit: 20 Minuten
Haltbarkeit: 0
Geräte: Legumette, Mixer

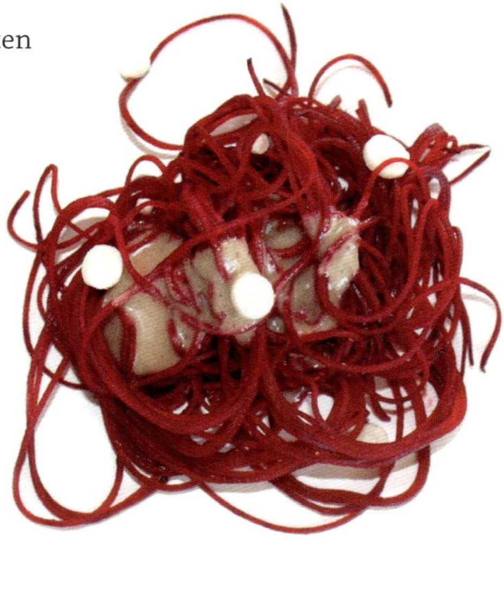

Marmorierte Gemüseschnitte mit Kenarinüssen und grüner Avocadosoße***

Zutaten für 4 Personen

Für die Gemüseschnitte:
10 getrocknete Tomaten
3 Tomaten
50 g Kenarinüsse (10 Stunden in Quellwasser eingeweicht und gut abgetropft)
1 weißer Rettich
½ rote Paprika
100 g Walnüsse (10 Stunden in Quellwasser eingeweicht und gut abgetropft)
100 g Sonnenblumenkerne (10 Stunden in Quellwasser eingeweicht und gut abgetropft)
6 EL kalt gepresstes Traubenkernöl
½ TL Currypulver
½ TL Paprikapulver
2 EL Nama-Shoyu
1 TL Himalajasalz
½ Zucchini
100 g getrocknete Pflaumen
1 Romanasalat
6 Bärlauchblätter

Für die Avocadosoße:
2 Avocados (Hass)
½ Zitrone
4 EL kalt gepresstes Traubenkernöl
1 EL Nama-Bio Tamari
⅛ l Einweichwasser von den Tomaten der marmorierten Gemüseschnitte
1 Handvoll Petersilie

Gemüseschnitte: Die getrockneten Tomaten circa 5 Stunden lang in ⅛ Liter Quellwasser einweichen. Das Einweichwasser nicht wegschütten, sondern für die grüne Avocadosoße aufbewahren. Die Tomaten wie einen Apfel schälen und die harten Teile herausschneiden. Die Kenarinüsse schälen. Den weißen Rettich waschen und mit dem Gemüsehobel der Länge nach in dünne Scheiben schneiden. Die halbe Paprikaschote entkernen und die Haut mit einem Messer entfernen (wie bei einem Apfel). ➤➤

Die eingeweichten Walnüsse und Sonnenblumenkerne in einer Küchenmaschine oder im Mixer zu Mus verarbeiten. Traubenkernöl, Shoyu, Paprika- sowie Currypulver und Himalajasalz untermischen und gut verteilen.

Die Zucchini der Länge nach halbieren, vierteln und dann der Länge nach in ungefähr 1 x 1 Zentimeter dicke Stifte schneiden. Die Paprikaschote, die Pflaumen und die frischen sowie die getrockneten Tomaten ebenfalls der Länge nach in Streifen schneiden.

Den Romanasalat waschen und die Blätter von den Stängeln schneiden. Eine Terrinenform mit Klarsichtfolie und dann mit den Rettichscheiben auslegen. Die Scheiben sollten dabei gut über den Rand der Terrine hinausragen. Auf die Rettichscheiben eine Lage Walnussmasse streichen. Die Gemüsestreifen im Wechsel darauf verteilen und ab und zu ein paar Kenarinüsse einstreuen. Zwischen jede Gemüselage bündig Bärlauch- und Romanablätter legen. So entsteht eine schöne Marmorierung. Als letzte Lage wieder Walnussmasse auftragen. Die überhängenden Rettichblätter über die Walnussmasse klappen und gut festdrücken. Zum Schluss die Klarsichtfolie darüber legen und die Gemüseschnitte für mindestens 2 Stunden in den Kühlschrank stellen.

Avocadosoße: Die Avocados halbieren, den Kern entfernen, das Fruchtfleisch mit einem Löffel aus der Schale lösen und in den Mixer geben. Die Zitrone auspressen. Das Avocadofleisch und den Zitronensaft mit dem Traubenkernöl, dem Tamari und dem Wasser von den eingeweichten Tomaten im Mixer zu einer glatten Soße pürieren. Die Petersilie fein wiegen und unter die Soße mischen.

Einweichzeit: 10 Stunden
Zubereitungszeit: 70 Minuten
Haltbarkeit: 1 Tag
Geräte: Gemüsehobel, Küchenmaschine oder Mixer

Sushi***

Zutaten für 2 Personen

Für den marinierten Ingwer:
1 Ingwerwurzel
1 TL Naturhefe
1 TL Himalajasalz

Für die Sushi-Mayonnaise
½ Zitrone
½ Orange
10 bis 20 ml Quellwasser
2 EL rohes Mandelmus
25 ml kalt gepresstes Traubenkernöl oder Leinöl (Sonnenblumenöl oder Maiskeimöl können ebenfalls verwendet werden – je nach Geschmack)

Für das Sushi:
1 große Süßkartoffel (Batate)
3 reife Tomaten
1 reife Avocado (am besten die Sorte Hass)
4 nicht geröstete Noriblätter
1 frische Meerrettichwurzel
1 EL Nama-Bio Tamari

Marinierter Ingwer: Zunächst den Ingwer „marinieren“: Den Ingwer unter fließendem Wasser gut waschen (wer möchte, kann ihn auch schälen) und mit dem Gemüsehobel in dünne Scheiben schneiden. Dann die Ingwerscheiben in eine Glasschüssel geben und „weinen“ lassen, das heißt, mit Salz bestreuen und circa 2 Stunden beiseitestellen, bis sie Wasser gezogen haben. Danach die Scheiben auf einer glatten Arbeitsfläche einzeln auslegen. (Hilfreich sind dafür beispielsweise zwei Teller, die aufeinandergelegt werden können.) Die Abdeckung darauflegen und mit einem Gegenstand beschweren. Drei Tage lang an einem kühlen Ort ruhen lassen.

Sushi-Mayonnaise: Die Zitronen- und die Orangenhälfte auspressen. Den Saft mit dem Quellwasser und dem Mandelmus im ➤➤

Mixer gut durchpürieren. Dann nach und nach das Öl langsam einfließen lassen. Je mehr Öl dazugegeben wird, umso dicker wird die Mayonnaise. Zum Schluss Hefe und Salz untermischen und die Mayonnaise beiseitestellen.

Sushi: Die Süßkartoffel schälen und mit einer Gemüsereibe in eine Glasschale sehr fein raspeln. Die Tomaten wie einen Apfel schälen und der Länge nach in Achtel schneiden. Die Avocado schälen, den Kern entfernen und in circa 1 Zentimeter dicke Streifen schneiden.

Jetzt so viel Mayonnaise unter die geriebene Süßkartoffel mischen, dass eine weiche (nicht zu feuchte) Masse entsteht.

Die Noriblätter auslegen, die Süßkartoffelmasse circa ½ Zentimeter dick auf jedes Noriblatt auftragen und gleichmäßig über das gesamte Blatt verstreichen. Auf dem vorderen Teil der Masse der Länge nach Tomatenachtel und Avocadostreifen auslegen. Die Noriblätter einrollen, das heißt, so um die Tomaten- und Avocadostücke wickeln, dass gefüllte Rollen entstehen. Die Norirollen mit einem *sehr* scharfen Messer in mundgerechte Stücke (6 Stücke pro Norirolle) schneiden.

Wer es scharf mag, kann zu den Tomaten- und Avocadostücken etwas frischen Meerrettich geben. In der japanischen Küche wird Wasabi verwendet. Das ist ein sehr scharfer, grüner Meerrettich, den es nur in Japan gibt. Da japanischer Meerrettich in Deutschland nur sehr schwer zu bekommen ist, ersetzen Sie ihn am besten durch unseren heimischen. Den Meerrettich schälen, fein reiben und in eine Glasschale geben.

Nun die Sushistücke hübsch auf einem Teller garniert oder auf einer Suhsiplatte servieren. Dazu in kleinen Schälchen marinierten Ingwer und Tamari reichen. Den Meerrettich können Sie ebenfalls anbieten. Er kann nach Bedarf (für diejenigen, die es gern scharf mögen) in die Sojasoße eingerührt werden.

Die Sushistückchen mit Stäbchen fassen, in die Sojasoße tauchen und genießen.

Vorbereitung: 3 Tage
Zubereitung: 40 Minuten
Haltbarkeit: 0
Geräte: Gemüsehobel, Mixer, Gemüsereibe, scharfes Messer

Nockerl von der Avocado, der Olive und vom Sellerie**

Zutaten für 2 Personen

40 Oliven
1 TL Zitronensaft
1 TL Nama-Bio Tamari
1 EL rohes Mandelmus
1 EL Chiasamen (3 Stunden in 30 EL Quellwasser eingeweicht)
1 Msp. Himalajasalz
50 g Knollensellerie
70 g Zedernkerne
½ TL Himalajasalz

1 Avocado (Hass)
1 TL Nama-Bio Tamari
1 EL rohes Mandelmus
1 EL Naturhefe
½ Zitrone
1 Msp. Himalajasalz
2 Fleischtomaten
1 Msp. Himalajasalz

Zur Dekoration: 6 Oliven

Die Oliven entkernen und mit dem Zitronensaft, dem Tamari und dem Mandelmus im Mixer zu einer feinen Creme pürieren. Anschließend gut mit den eingeweichten Chiasamen und 1 Messerspitze Himalajasalz vermischen. Die Sellerieknolle schälen und mit den Zedernkernen und dem Himalajasalz ebenfalls im Mixer zu einer feinen Creme verarbeiten. Die Avocado halbieren, den Kern entfernen und das Fruchtfleisch mit einem Löffel aus der Schale lösen. Im Mixer mit den übrigen Zutaten zu einer feinen Creme pürieren.

Jetzt von jeder Creme mit einem Esslöffel Nockerl abstechen und dekorativ auf Tellern anordnen.

Die Tomaten wie einen Apfel schälen, die harten Teile herausschneiden, das Fruchtfleisch in dünne Streifen schneiden und um die Nockerl legen. Die Tomaten mit etwas Himalajasalz bestreuen. Mit den Oliven hübsch verzieren.

Einweichzeit: 3 Stunden
Zubereitungszeit: 30 Minuten
Haltbarkeit: 1 Tag
Geräte: Mixer

Pikanter Strudel vom grünen und weißen Spargel mit Sauce hollandaise***

Zutaten für 4 Personen

Für den Strudel:
12 Stangen weißer Spargel
12 Stangen grüner Spargel
200 g Kenarinüsse (wahlweise Mandeln, 10 Stunden in Quellwasser eingeweicht und gut abgetropft)
100 g Zedernkerne
1 Fleischtomate
1 TL Lupinen Miso
1 Msp. Himalajasalz
1 mittelgroßer Kohlrabi
Klarsichtfolie

Für die Sauce hollandaise:
1 Orange
100 g Zedernkerne
1 TL Zitronensaft
6 EL Leinöl
1 Msp. Muskatnuss
1 Msp. Himalajasalz

Strudel: Die Spargel schälen und die harten Enden abschneiden. Die Tomate wie einen Apfel schälen und die harten Teile herausschneiden.

Die geschälten Kenarinüsse oder Mandeln mit den Zedernkernen, der Tomate und den Gewürzen im Mixer zu einer cremigen Masse pürieren. Den Kohlrabi schälen, die Blätter waschen und die Stiele bis zum Blattansatz abschneiden. Den Kohlrabi mit einer Gemüsereibe sehr fein raspeln und gut mit der Nussmasse vermischen.

Nun jeweils für 2 Personen einen Strudel herstellen: Ein Stück Klarsichtfolie abschneiden, das etwas größer als ein großes Kohlrabiblatt ist. Zunächst jedoch eine circa 1 Zentimeter dicke Schicht von der Nuss-Kohlrabi-Masse daraufstreichen. Ein Kohlrabiblatt glatt darauflegen und die nächste Schicht Nuss-Kohlrabi-Masse darübergeben. Dann 3 weiße und 3 grüne Spargelstangen darin einwickeln. Mit der Klarsichtfolienhülle gut zusammendrücken. Dann die Klarsichthülle abnehmen und den Strudel schräg auseinanderschneiden.

Jeweils eine Hälfte des Strudels auf einem hübschen Teller anrichten und mit 3 Spargelstangen und der Sauce hollandaise garnieren.

Sauce hollandaise: Die Orange entsaften. Die Zedernkerne mit dem Zitronen- und Orangensaft gut im Mixer pürieren. Dann das möglichst Öl langsam dazugeben und noch einmal so lange mixen, bis die Hollandaise cremig ist. Die Gewürze dazugeben und servieren.

Einweichzeit: 10 Stunden
Zubereitungszeit: 45 Minuten
Haltbarkeit: 1 Tag
Geräte: Gemüsereibe, Mixer

Mangoldroulade mit milchsaurem Rotkohl und Walnusssoße***

Zutaten für 4 Personen

Für die Mangoldroulade:
200 g Walnüsse (10 Stunden in Quellwasser eingeweicht und gut abgetropft)
100 g Rosinen (10 Stunden in Quellwasser eingeweicht und nicht abgetropft!)
1 Msp. Zimt
1 Msp. Nelkenpulver
1 Msp. Wachholderbeerenpulver
2 Tomaten
1 Karotte
4 etwas größere Mangoldblätter
100 g milchsauer eingelegter Rotkohl (Grundrezept auf Seite 129)

Für die Walnusssoße:
5 EL Quellwasser
2 EL Leinöl
½ TL Zitronensaft

Mangoldroulade: Die Walnüsse mit den Rosinen und dem Einweichwasser der Rosinen im Mixer zu einer cremigen Paste pürieren. Mit Zimt, Nelken und Wacholderbeeren würzen. Die Tomaten wie einen Apfel schälen, die harten Teile herausschneiden und das Tomatenfleisch in kleine Stückchen schneiden. Den Saft auffangen und für die Soße verwenden. Die Karotte mit einer Gemüsereibe fein raspeln. Von der Walnuss-Rosinen-Paste circa ein Viertel aufbewahren und für die Soße verwenden. Dann die restliche Walnuss-Rosinen-Paste mit den Tomatenwürfeln und der geriebenen Karotte vermengen.

Die Mangoldblätter waschen, den Strunk entfernen und anschließend glatt auslegen. Dann die Walnuss-Rosinen-Paste circa 1 Zentimeter dick darauf streichen. Für die Füllung auf jedes Mangoldblatt jeweils ein Viertel des milchsauer eingelegten Rotkohls legen und das Blatt anschließend gut einrollen.

Walnusssoße: Den Saft der Tomaten, das Quellwasser, den aufbewahrten Teil der Walnuss-Rosinen-Paste, das Leinöl und den Zitronensaft im Mixer gut durchpürieren.

Das Gericht hübsch auf Tellern anrichten und servieren.

Einweichzeit: 10 Stunden
Zubereitungszeit: 30 Minuten
Haltbarkeit: 0
Geräte: Gemüsereibe, Mixer

Zucchini mit Walnussfüllung und Soße vom Butternutkürbis*

Zutaten für 4 Personen

Für die Zucchini:
4 kleine runde Zucchini
1 Karotte
200 g Butternutkürbisfleisch
150 g Walnüsse (10 Stunden in Quellwasser eingeweicht und gut abgetropft)
2 Tomaten (aromatische Sorte wie „Berner Rose")
1 TL Mexi Chili Miso
½ TL Himalajasalz

Für die Soße:
200 g Butternutkürbisfleisch
20 g Rosinen (10 Stunden in Quellwasser eingeweicht und nicht abgetropft!)
1 EL rohes Mandelmus
1 EL kalt gepresstes Olivenöl
1 TL Zitronensaft

➤➤

Zucchini: Die Zucchini gut waschen, kurz vor einem Ende längs durchschneiden und aushöhlen. Dazu das Fruchtfleisch mit einem kleinen Löffel herausschälen. Die Karotte waschen und die Enden abschneiden. Zunächst die Karotte mit dem Fleisch vom Butternutkürbis und den abgetropften Walnüssen im Mixer fein pürieren, dann das Zucchinifleisch dazugeben und noch einmal pürieren. Die Tomaten wie einen Apfel schälen und in feine Stückchen schneiden. Alle Zutaten in einer Glasschüssel gut vermischen und die ausgehöhlten Zucchini damit füllen.

Soße: Das Kürbisfleisch entsaften. Die Rosinen mit dem Einweichwasser im Mixer gut pürieren. Den Kürbissaft und die restlichen Zutaten dazugeben und zu einer cremigen Soße verarbeiten.

Die gefüllten Zucchini mit der Soße umgießen und hübsch auf Tellern anrichten.

Einweichzeit: 10 Stunden
Zubereitungszeit: 45 Minuten
Haltbarkeit: 0
Geräte: Mixer, Champion-Entsafter

Cannelloni mit Kräuter-Tomaten-Soße**

Zutaten für 4 Personen

Für die Cannelloni:
4 große, zarte Kohlrabi

Für die Füllung:
100 g Macadamianüsse (10 Stunden in Quellwasser eingeweicht und gut abgetropft)
2 Karotten
1 Rote Bete
1 Avocado
1 Zitrone
100 g Weizen (3 Tage gekeimt)
1 EL Nama-Bio Tamari
1 TL Himalajasalz

Für die Kräuter-Tomaten-Soße:
8 Tomaten
4 Datteln
2 Handvoll glatte Petersilie
1 Handvoll Basilikumblätter
2 Bärlauchblätter
1 TL Zitronensaft
2 EL kalt gepresstes Olivenöl
2 TL Himalajasalz

Cannelloni: Die Kohlrabi schälen und mit dem Gemüsehobel aus der Mitte 16 dünne Scheiben schneiden. Die Scheiben zu Cannellonirollen drehen und mit einem Lebensmittelfaden befestigen.

Füllung: Die Macadamianüsse in der Küchenmaschine oder im Mixer fein mahlen. Die Karotten und Rote Bete mit der Gemüsereibe fein raspeln. Die Avocado halbieren, den Kern entfernen und mit einem Löffel das Fruchtfleisch aus der Schale lösen. Mit der Gabel zu Mus zerdrücken. Die Zitrone auspressen. Alle Zutaten für die Füllung in einer Glas- oder Keramikschüssel gut vermischen und die Cannellonirollen damit füllen. Jeweils 4 Cannellonirollen auf einem Teller anrichten. Die Lebensmittelfäden abnehmen.

➤➤

Kräuter-Tomaten-Soße: Die Tomaten wie einen Apfel schälen und die harten Teile herausschneiden. Die Datteln entkernen. Datteln und Tomaten mit dem Mixer fein pürieren. Die Kräuter fein wiegen und mit Zitronensaft, Olivenöl und Himalajasalz zu der Tomatenmasse geben und gut vermischen.

Die Soße über die Cannelloni geben und sofort servieren.

Vorbereitungszeit: 3 Tage
Zubereitungszeit: 60 Minuten
Haltbarkeit: 0
Geräte: Gemüsehobel, Gemüsereibe, Küchenmaschine oder Mixer

KAPITEL 6

NACHSPEISEN

Haselnussparfait mit Kirschsoße*

Zutaten für 4 Personen

100 g Haselnüsse (10 Stunden in Quellwasser eingeweicht)
50 g Buchweizen (10 Stunden in Quellwasser eingeweicht)
1 Orange
200 g Kirschen
10 Datteln (entkernt, 10 Stunden in Quellwasser eingeweicht und nicht abgetropft!)
1 Zitrone
1 TL Leinöl

Die Haselnüsse über Nacht in reichlich Quellwasser einweichen. Am nächsten Tag das Wasser abschütten und die Haselnüsse noch einmal in frischem Wasser waschen. Den Buchweizen ebenfalls über Nacht in so viel Wasser einweichen, dass sich die Körner damit vollsaugen können. Das Wasser am nächsten Tag nicht abgießen. Die Datteln entkernen und ebenfalls über Nacht in Quellwasser einweichen.

Das Dattel- und Buchweizenwasser mitverwenden, wenn Sie die Datteln mit dem Buchweizen, den Haselnüssen und dem Saft der Orange in einem Mixer pürieren. Dann die Masse in vier dekorative Formen füllen und diese für mindestens 2 Stunden in den Kühlschrank stellen.

Nach Ablauf dieser 2 Stunden die Kirschsoße zubereiten. Dafür die Kirschen entsteinen. Mit dem Saft der Zitrone und 1 Teelöffel Leinöl in den Mixer geben und gut durchmixen.

Das Parfait aus dem Kühlschrank nehmen und auf einen Teller stürzen. Die Kirschsoße über und um das Parfait gießen.

Einweichzeit: 10 Stunden
Zubereitungszeit: 30 Minuten
Haltbarkeit: 1 Tag
Geräte: Mixer

Chiapudding auf einem Spiegel von wilden Erdbeeren mit Ananaskompott*

Zutaten für 2 Personen

2 saftige Äpfel
½ Zitrone
3 Datteln (entkernt und 10 Stunden in Quellwasser eingeweicht und nicht abgetropft!)
3 EL Chiasamen
1 Banane
3 EL Erdmandelmehl
Erdbeeren (Menge je nach Bedarf)
½ Ananas

Von den Äpfeln das Kerngehäuse entfernen und in den Champion-Entsafter geben. Die Zitrone auspressen und mit den eingeweichten Datteln sowie dem Dattelwasser im Mixer zu Mus verarbeiten. Die Zitronen-Dattel-Mischung mit dem Apfelsaft in eine Glasschüssel geben und die Chiasamen untermischen. 1 Stunde quellen lassen. Die Banane schälen, mit der Gabel so lange zerquetschen, bis sie schön saftig wird, und unter die Chiamischung rühren. Nun das Erdmandelmehl einrühren, bis ein relativ fester Pudding entsteht. (Falls die Masse zu flüssig sein sollte, einfach mehr Erdmandelmehl dazugeben.)

Die Erdbeeren entstielen und im Mixer pürieren. Die Ananas schälen und in kleine Stücke schneiden. Den Pudding in eine kleine Schale geben und auf einen Teller stürzen, mit Erdbeersoße und die Ananasstückchen hübsch anrichten.

Einweichzeit: 10 Stunden
Zubereitungszeit: 20 Minuten
Haltbarkeit: 0
Geräte: Mixer

Mousse von der Mirabelle an Birnenspalten mit Pistaziencreme*

Zutaten für 4 Personen

Für die Mousse:
400 g Mirabellen
40 Datteln (eine helle Sorte)
1 EL Leindotteröl
4 EL rohes Mandelmus

Für die Pistaziencreme:
4 Orangen
20 Datteln (eine helle Sorte)
50 g Pistazien

Für die Birnenspalten:
2 Birnen (süße)
8 frische Pfefferminzblätter

Mousse: Die Mirabellen waschen und den Kern entfernen. Die Datteln entkernen. Das Fruchtfleisch der Mirabellen mit den entkernten Datteln, dem Leindotteröl und dem Mandelmus im Mixer zu einer Mousse pürieren.

Pistaziencreme: Die Orangen entsaften. Die Datteln entkernen und mit dem Orangensaft und den Pistazien (davon einige für die Dekoration zurückbehalten) im Mixer zu einer cremigen Soße pürieren. Die für die Dekoration aufbewahrten Pistazien klein hacken.

Birnenspalten: Die Birnen schälen und entkernen, dann vierteln und in dünne Scheiben schneiden. Zur Dekoration mit den Birnenscheiben einen Fächer legen.

Die Mirabellenmousse mit einem Löffel abstechen und 2 eiförmige Portionen in dem Birnenfächer platzieren. Mit der Soße umgießen und die gehackten Pistazien darüber streuen. Mit frischer Pfefferminze garnieren.

Vorbereitungszeit: 0
Zubereitungszeit: 30 Minuten
Haltbarkeit: 0
Geräte: Mixer

Papayaschaum*

Zutaten für 4 Personen

1 Papaya (ca. 500 g)
4 EL rohes Mandelmus

Die Papaya schälen und die Kerne entfernen (aus den Kernen Papayapfeffer herstellen; dazu das Rezept in *Rohköstlichkeiten zum Frühstück* auf Seite 135 verwenden). Das Fruchtfleisch mit dem Mandelmus im Mixer cremig pürieren. In schöne Gläser füllen und genießen.

Einweichzeit: 0
Zubereitungszeit: 10 Minuten
Haltbarkeit: 0
Geräte: Mixer

Reineclaudenpudding mit feiner Dattelsoße*

Zutaten für 4 Personen

300 g Reineclauden
10 Datteln (entkernt, 10 Stunden in Quellwasser eingeweicht und nicht abgetropft!)
2 EL rohes Walnussmus
½ TL Zitronensaft
2 unbehandelte Orangen
10 Datteln (entkernt 10 Stunden in Quellwasser eingeweicht und nicht abgetropft!)
1 EL rohes Walnussmus
½ TL Zitronensaft
1 Msp. Zimt

Die Reineclauden halbieren und den Stein entfernen (eventuell ein paar für die Dekoration aufbewahren). Mit den Datteln samt Einweichwasser, dem Walnussmus und dem Zitronensaft im Mixer zu einem cremigen Pudding verarbeiten.

Für die Soße die Orangen wie einen Apfel schälen, dabei die weiße Haut an der Frucht belassen. Dann die Orangen im

Champion-Entsafter entsaften. Den Saft mit den übrigen Zutaten in den Mixer geben und zu einer cremigen Soße verarbeiten.

Den Pudding in ein Gefäß füllen und mit der Soße verzieren.

Einweichzeit: 10 Stunden
Zubereitungszeit: 20 Minuten
Haltbarkeit: 0
Geräte: Mixer, Champion-Entsafter

Pfirsichpudding*

Zutaten für 4 Personen

- 3 gelbe Pfirsiche
- 6 Datteln (entkernt und 10 Stunden in Quellwasser eingeweicht)
- 3 EL rohes Mandelmus
- 1 TL Zitronensaft
- 2 EL Chiasamen (10 Stunden in 30 EL Quellwasser eingeweicht)
- 1 Zweig von wilden Erdbeeren

Die Pfirsiche entsteinen und das Fruchtfleisch mit den Datteln, dem Mandelmus und dem Zitronensaft im Mixer gut durchmixen. Die eingeweichten Chiasamen unterrühren.

In Gläser füllen und mit einem wilden Erdbeerzweig dekorieren.

Einweichzeit: 10 Stunden
Zubereitungszeit: 15 Minuten
Haltbarkeit: 0
Geräte: Mixer

Rote Grütze*

Zutaten für 2 Personen

- 7 Datteln (12 Stunden in Quellwasser eingeweicht und nicht abgetropft!)
- ¼ l Quellwasser
- 3 EL Chiasamen (12 Stunden in Quellwasser eingeweicht)
- ½ Zitrone
- 100 g Brombeeren
- 100 g Weintrauben
- 100 g Erdbeeren
- 100 g Himbeeren

Die Datteln entkernen und über Nacht in so viel von dem Quellwasser einweichen, dass sie gut bedeckt sind und das Wasser gut aufnehmen können. Die Chiasamen im Rest des Quellwassers ebenfalls über Nacht einweichen.

Am nächsten Tag die Zitrone auspressen und den Saft mit den Datteln samt Einweichwasser im Mixer gut pürieren. Diese Mischung zu den eingeweichten Chiasamen geben. (Bitte entscheiden Sie selbst, ob diese Mischung Ihrem Geschmack entspricht. Falls sie zu fest sein sollte, einfach noch etwas mehr Quellwasser dazugeben.)

Die Beeren waschen, entstielen, klein schneiden und unter die Grütze heben. Dazu passt Vanillesoße (Rezept siehe unten).

Einweichzeit: 12 Stunden
Zubereitungszeit: 20 Minuten
Haltbarkeit: 0
Geräte: Mixer

Rhabarberkompott mit Vanillesoße**

Zutaten für 4 Personen

500 g Rhabarber
8 und 4 Datteln (10 Stunden in Quellwasser eingeweicht und nicht abgetropft!)
4 EL rohes Mandelmus
3 Orangen
1 Vanilleschote

Den Rhabarber waschen, schälen und in 1 Zentimeter lange Stücke schneiden. Zwei Drittel davon im Mixer mit 8 Datteln samt Einweichwasser pürieren. Die restlichen Rhabarberstücke kleiner schneiden und unter das Rhabarberpüree mischen.

Für die **Vanillesoße** das Mandelmus mit 4 Datteln und dem Saft von 3 Orangen im Mixer cremig pürieren. Die Vanilleschote auskratzen und das Mark dazugeben. Noch einmal kurz durchmixen.

Einweichzeit: 10 Stunden
Zubereitungszeit: 30 Minuten
Haltbarkeit: 0
Geräte: Mixer

Zitronenzabaione mit wilden Erdbeeren*

Zutaten für 2 Personen

- 5 Datteln (12 Stunden in Quellwasser eingeweicht und nicht abgetropft!)
- 2 Zitronen
- 1 Banane
- ¼ l Quellwasser
- 3 EL rohes Mandelpüree
- 4 EL Leinöl
- 1 Msp. Zimt nach Belieben

Die Datteln entkernen und über Nacht in so viel Wasser einweichen, dass sie gut bedeckt sind. Am nächsten Tag die Datteln mit dem Einweichwasser im Mixer zu einer Creme pürieren. Die Zitronen auspressen. Die Banane schälen. In einem separaten Mixbecher den Zitronensaft, das Quellwasser, das Mandelpüree und das Leinöl so lange pürieren, bis die Masse schön cremig ist. Die Dattelcreme und die Banane dazugeben und noch einmal gut durchmixen.

In einer Dessertschale oder einem dekorativen Glas servieren. Dazu passen alle Beerensorten und Steinobst.

Einweichzeit: 12 Stunden
Zubereitungszeit: 10 Minuten
Haltbarkeit: 0
Geräte: Mixer

KAPITEL 7

KUCHEN UND GEBÄCK

Birnentarte*

Zutaten für 1 ganzen Kuchen

Für den Boden:
200 g Mandeln (10 Stunden in Quellwasser eingeweicht und abgetropft)
100 g Sonnenblumenkerne (10 Stunden in Quellwasser eingeweicht und abgetropft)
100 g Rosinen (10 Stunden in Quellwasser eingeweicht und nicht abgetropft!))
1 TL Veilchenwurzelpulver (siehe auch unter „Wissenswertes" auf Seite 115)

Für den Belag:
½ Ananas
2 Birnen
1 Zitrone
2 Bananen
1 Handvoll frische oder getrocknete Veilchenblüten

Boden: Die Mandeln mit den Sonnenblumenkernen und den Rosinen samt Einweichwasser und dem Veilchenwurzelpulver in einer Küchenmaschine oder im Mixer fein mahlen. Die Masse gut verkneten, anschließend in eine Springform mittleren Durchmessers geben, daraus den Kuchenboden formen und einen Rand hochziehen.

Belag: Die Ananas schälen und den harten Strunk entfernen. In circa 1 Zentimeter große Stücke schneiden, 5 Stunden lang bei 40 °C im Dörrgerät trocknen lassen und beiseitestellen. Die Birnen schälen (nicht unbedingt erforderlich), vierteln und das Kerngehäuse entfernen. Die Birnen in feine Scheiben schneiden. In eine Glas- oder Keramikschüssel geben. Die Zitrone über den Birnenscheiben ausdrücken und den Saft gut verteilen. Dann eine Lage Birnenscheiben auf dem Boden des Kuchens auslegen.

Die Bananen mit den getrockneten Ananasstücken im Mixer

zu einem dicken Brei verarbeiten. Den Brei auf der ersten Lage Birnen gleichmäßig verstreichen.

Die restlichen Birnen dekorativ darauf anordnen und, wenn gewünscht, mit Veilchenblüten dekorieren.

Einweichzeit: 10 Stunden
Zubereitungszeit: 30 Minuten
Haltbarkeit: 0
Geräte: Küchenmaschine oder Mixer, Dörrgerät

Tipp: Im Frühling blühen wieder die Veilchen. Sammeln Sie die Blüten und lassen Sie sie an der Sonne trocknen. Der herrliche Geschmack dieser Blüten verleiht Müslis oder Kuchen ein unverwechselbar köstliches Aroma. Sie werden begeistert sein!

Mirabellentörtchen*

Zutaten für 2 Törtchen

150 g Walnüsse (10 Stunden in Quellwasser eingeweicht und gut abgetropft)
14 Datteln (10 Stunden in Quellwasser eingeweicht)
2 reife Bananen
1 EL Mandelpüree
1 EL geschmacksneutrales Kokosöl
ca. 40 reife Mirabellen

Die abgetropften Walnüsse gut mit frischem Quellwasser abwaschen. Die Datteln entkernen. Walnüsse und Datteln in einer Küchenmaschine oder im Mixer fein pürieren. Gut durchkneten und beiseitestellen.

➤➤

Die Bananen schälen und mit dem Mandelpüree und dem Kokosöl in eine Glasschüssel geben. Mit der Gabel zerdrücken und gut vermischen. Die Mirabellen halbieren und den Kern entfernen.

Dann aus dem Walnuss-Dattel-Teig zwei Kuchenböden formen. Einen kleinen Rand hochziehen. Die Bananenmasse daraufstreichen und die Mirabellen mit der aufgeschnittenen Seite nach oben auf der Masse auslegen.

Einweichzeit: 10 Stunden
Zubereitungszeit: 20 Minuten
Haltbarkeit: 1 Tag
Geräte: Küchenmaschine oder Mixer

Träubleskuchen* (Johannisbeerkuchen)

Zutaten für 1 ganzen Kuchen

Für den Teig:

- 15 Datteln (entkernt, 12 Stunden in Quellwasser eingeweicht und nicht abgetropft!)
- 200 g Macadamianüsse (10 Stunden in Quellwasser eingeweicht und gut abgetropft)
- 100 g Sonnenblumenkerne (10 Stunden in Quellwasser eingeweicht und gut abgetropft)

Für den Belag:

- 500 g Johannisbeeren
- 1 reife Banane
- 5 Datteln (entkernt, 12 Stunden in Quellwasser eingeweicht und nicht abgetropft!)
- 1 EL rohes Mandelmus
- ½ TL Zironensaft
- 1 EL roher Agavendicksaft (wenn gewünscht)

Teig: Die Datteln entkernen und über Nacht in knapp bemessenes Quellwasser einweichen.

Am nächsten Tag die Macadamianüsse mit den Sonnenblumenkernen und den eingeweichten Datteln samt Einweichwasser in einem Mixer zu einem cremigen Teig verarbeiten. Eine runde Backform circa 1 Zentimeter dick mit dem Teig belegen.

Belag: Die Johannisbeeren waschen und die Träuble abzupfen. Die Banane mit den eingeweichten Datteln samt Einweichwasser, dem Mandelmus und dem Zitronensaft im Mixer zu einer Creme pürieren. Diese Masse auf den Boden des Kuchens streichen. Die Johannisbeeren darauf hübsch darauf verteilen.

Wenn Sie den Kuchen süßer mögen, Agavendicksaft darauf träufeln.

Einweichzeit: 12 Stunden
Zubereitungszeit: 45 Minuten
Haltbarkeit: 1 Tag
Geräte: Mixer

Buchweizen-Knusperkekse**

Zutaten für ca. 80 Kekse

- 500 g Walnüsse (10 Stunden in Quellwasser eingeweicht und gut abgetropft)
- 30 Datteln (Deglet Noor; 10 Stunden in Quellwasser eingeweicht und nicht abgetropft!)
- 1 sehr reife Banane
- 20 getrocknete Zwetschgen (10 Stunden in Quellwasser eingeweicht und nicht abgetropft!)
- 5 Birnen
- 4 Orangen
- 500 g Buchweizen (10 Stunden in Quellwasser eingeweicht und nicht abgetropft!)
- 200 g Rosinen
- ¼ TL Himalajasalz

Die Walnüsse grob hacken. Die Datteln entkernen und mit dem Einweichwasser und der geschälten Banane im Mixer zu einem dicken Brei pürieren. Die Zwetschgen entkernen und mit dem Einweichwasser im Mixer zerkleinern. Die Birnen vierteln, das Kerngehäuse entfernen und in kleine Würfelchen schneiden. Die Orangen schälen und das Fruchtfleisch in kleine Würfelchen schneiden. Alle Zutaten gut mit den Rosinen und dem Himalajasalz vermischen und auf einer Dörrfolie zu kleinen Häufchen formen. 24 Stunden lang bei 40 °C im Dörrgerät trocknen lassen. Nach der Hälfte der Zeit die Folie entfernen und die Knusperkekse wenden.

Einweichzeit: 10 Stunden
Zubereitungszeit: 1½ Stunden
Trockenzeit: 24 Stunden
Haltbarkeit: luftdicht verschlossen einige Wochen
Geräte: Mixer, Dörrgerät

KAPITEL 8

LECKERES FÜR ZWISCHENDURCH

Avocadomüsli mit Chiasamen*

Zutaten für 1 Person

1 reife Avocado (am besten die Sorte Hass)
20 süße rote Trauben mit Kernen
½ Zitrone
3 EL Chiasamen (12 Stunden in 30 EL Quellwasser eingeweicht)
1 süßer Apfel

Die Avocado halbieren, den Kern entfernen, das Fruchtfleisch mit einem Löffel aus der Schale lösen und in den Mixer geben. Die Trauben halbieren, die Kerne entfernen und ebenfalls in den Mixer geben. Die ½ Zitrone auspressen und den Saft zu der Masse geben. Den Apfel, wenn möglich, mit Schale auf einer Apfelreibe fein raspeln, mit den Chiasamen in den Mixer geben und gut durchmixen.

Alles gut zusammenmischen und in einer dekorativen Schale servieren.

Einweichzeit: 12 Stunden
Zubereitungszeit: 10 Minuten
Haltbarkeit: 0
Geräte: Mixer, Apfelreibe

Wissenswertes zum Thema „Apfelreibe"

Die Apfelreibe für Babys ist zum einen aus Glas, was der Gesundheit entgegenkommt und die Reibefläche ist zudem so gestaltet, dass die Fasern des Apfels beim Reiben optimal aufgeschlossen werden. Auf diese Weise reguliert dieser „Apfelbrei" auf ganz natürliche Weise den Stuhlgang.

Aprikosensmoothie*

Zutaten für 2 Gläser

- 5 Datteln (entkernt, 12 Stunden in Quellwasser eingeweicht und nicht abgetropft!)
- 5 getrocknete wilde Aprikosen
- 6 EL Quellwasser
- 4 Orangen
- 1 Zitrone
- 2 EL rohes Aprikosenkernmus
- 1 EL Aprikosenkernöl

Die Datteln entkernen und über Nacht mit den wilden Aprikosen in dem Quellwasser einweichen.

Am nächsten Tag die Orangen und die Zitrone entsaften. Alle Zutaten in den Mixer geben und so lange mixen, bis eine homogene, trinkfähige Masse entsteht. Dieser Smoothie ist äußerst gesund!

Einweichzeit: 12 Stunden
Zubereitungszeit: 15 Minuten
Haltbarkeit: 0
Geräte: Mixer

Bananenmüsli mit Veilchenblüten*

Zutaten für 2 Personen

3 EL Chiasamen (12 Stunden in Quellwasser eingeweicht)
30 EL Quellwasser (für die Chiasamen)
6 Datteln (entkernt, 12 Stunden in Quellwasser eingeweicht und nicht abgetropft!)
50 g Mandeln (12 Stunden in reichlich Quellwasser eingeweicht)
3 Bananen
1 Zitrone
3 EL Maronimehl
1 TL Veilchenwurzelpulver

Zur Dekoration (die man mitessen kann):
1 Handvoll Veilchenblüten

Die Chiasamen über Nacht in dem dafür vorgesehenen Quellwasser einweichen, ebenso die Datteln und die Mandeln.

Am nächsten Tag 2 der Bananen mit der Gabel zerquetschen. Die dritte Banane in kleine Stücke schneiden. Die Zitrone auspressen und den Saft mit den Datteln samt Quellwasser im Mixer

zu einem Brei verarbeiten. Die abgetropften Mandeln gut waschen, zu dem Dattelbrei geben und so lange mixen, bis wieder ein homogener Brei entsteht. Maronimehl und Veilchenwurzelpulver dazugeben und das Müsli in einer Glasschüssel gut vermischen.

Mit Veilchenblüten verzieren und servieren.

Einweichzeit: 12 Stunden
Zubereitungszeit: 10 Minuten
Haltbarkeit: 0
Geräte: Mixer

Wissenswertes zum Thema „Veilchenwurzelpulver"

Veilchenwurzelpulver wird, wie man vielleicht annehmen könnte, nicht aus den Wurzeln des Veilchens hergestellt, sondern aus den Rhizomen der Schwertlilie *Iris florentina* oder *Iris germanica* (Deutsche Schwertlilie). In Apotheken wird Veilchenwurzelpulver unter „Rhizoma iridis" geführt. Es riecht und schmeckt intensiv und sehr würzig nach Veilchen.

Die Veilchenwurzel ist ein pflanzliches Arzneimittel, das unter anderem bei Säuglingen und Kleinkindern traditionell gegen Zahnungsbeschwerden eingesetzt wird, da das Beißen auf die Wurzel schmerzlindernd wirkt.

Zubereitungen mit Veilchenwurzelpulver werden als blutreinigend, magenstärkend und drüsenanregend geschätzt. Diese Wurzel soll auch zur Förderung der Nierentätigkeit beitragen. Ebenso findet sie Anwendung bei Hautkrankheiten. In Kombination mit anderen natürlichen pflanzlichen Heilmitteln werden Zubereitungen aus dem Schwertlilienstock bei zahlreichen Beschwerden wie beispielsweise Kopf-, Zahn-, Muskel- und Gelenkschmerzen, akute und chronische Katarrhe der Luftwege oder als beruhigendes Mittel bei nervösen Störungen der Herz-Kreislauf-Funktion sowie bei Brand- und Schnittwunden eingesetzt. Die Wirksamkeit der Veilchenwurzel ist jedoch nicht schulmedizinisch erwiesen.

Chiamüsli à la Dr. Budwig*

Zutaten für 1 Person

- 60 g Macadamianüsse oder Cashewkerne in Rohkostqualität (12 Stunden in Quellwasser eingeweicht)
- 3 Datteln (entkernt, 12 Stunden in Quellwasser eingeweicht und nicht abgetropft!)
- ¼ l Quellwasser (für die Datteln)
- 3 EL Chiasamen
- 1 reife Banane
- 2 EL Leinöl
- Früchte der Saison (Menge nach Belieben)

Die Nüsse über Nacht in Quellwasser einweichen und am nächsten Tag abtropfen lassen. Die Datteln entkernen und über Nacht in ¼ Liter Quellwasser einweichen.

Am nächsten Tag die Datteln aus dem Einweichwasser nehmen und in dieses Einweichwasser die Chiasamen geben und 3 Stunden darin aufquellen lassen. Währenddessen die Budwigcreme herstellen: Dafür die Datteln, die geschälte Banane, die abgetropften Nüsse und das Leinöl im Mixer zu einem veganen Quark (wer es gerne flüssiger mag, kann einfach Wasser oder frisch gepressten Orangensaft dazugeben) verarbeiten.

Früchte der Saison klein schneiden und auf die gequollenen Chiasamen geben, die Quarkcreme darübergießen – und genießen!

Einweichzeit: 12 Stunden und 3 Stunden
Zubereitungszeit: 15 Minuten
Haltbarkeit: 0
Geräte: Mixer

Carobdrink*

Zutaten für 1 große Tasse

20 g ungeschälter Sesam
20 g rohes Carobpulver
300 ml Quellwasser
1 TL Leindotteröl
40 g Datteln oder Rosinen (die Datteln sollten nicht mit Glukose und die Rosinen nicht mit Öl überzogen sein)

Die ungeschälten Sesamsamen im Mixer zu Pulver mahlen. Die Datteln oder Rosinen mit dem Carobpulver und dem Sesampulver und einem kleinen Teil des Quellwassers im Mixer gut pürieren. (Da die Datteln weicher sind als Rosinen, erhalten Sie eine cremigere Konsistenz, wenn Sie zum Süßen Datteln verwenden).

Das Leindotteröl und den Rest des Quellwassers in das homogene Gemisch geben und mixen, bis der Carobdrink schön cremig ist.

Einweichzeit: 0
Zubereitungszeit: 10 Minuten
Haltbarkeit: 0
Geräte: Mixer

Erdbeerschlangen**

Zutaten für ca. 30 Schlangen

20 Datteln (entkernt, 12 Stunden in Quellwasser eingeweicht und nicht abgetropft!)
500 g Erdbeeren
1 Zitrone
1 EL Chiasamen (12 Stunden in 10 EL Quellwasser eingeweicht)

Die Datteln entkernen und über Nacht in Quellwasser einweichen. Das Wasser so bemessen, dass sich die Datteln gut vollsaugen können. Die Chiasamen in dem vorgesehenen Quellwasser ebenfalls über Nacht einweichen. Am nächsten Tag von den Erdbeeren die Stiele entfernen. Dann die Erdbeeren mit den Datteln samt Quellwasser und dem Zitronensaft im Mixer gut pürieren. Die Chiasamen zu der Erdbeer-Dattel-Masse geben und gut vermischen. Die Masse auf eine Dörrfolie streichen und circa 15 Stunden bei 40 °C im Dörrgerät trocknen lassen. Die Erdbeermasse von der Dörr-

folie abziehen und aus dem Erdbeerleder eine Rolle drehen. Für die Erdbeerschlangen von der Rolle dünne Streifen abschneiden.

Einweichzeit: 12 Stunden
Zubereitungszeit: 30 Minuten
Trockenzeit: 15 Stunden
Haltbarkeit: in einem verschließbaren Glasgefäß mehrere Wochen
Geräte: Mixer, Dörrgerät

Kokosnuss-Carob-Kugeln*

Zutaten für ca. 20 Kugeln

1 frische Kokosnuss
30 g rohes Carobpulver
20 g gemahlene Erdmandeln
20 g Kokosöl in Rohkost-qualität
3 EL Agavendicksaft

Die Kokosnuss an dem weichen Auge anstechen und das Kokoswasser herauslaufen lassen. Die Kokosnuss schälen. Das Fleisch der Kokosnuss in der Küchenmaschine fein pürieren.

Alle Zutaten gut vermischen und aus der Masse Kugeln formen. In den Kühlschrank geben und mindestens 30 Minuten kühlen.

Dazu passt ein Kompott aus Erdbeeren hervorragend!

Einweichzeit: 0
Zubereitungszeit: 30 Minuten
Haltbarkeit: 3 Monate
Geräte: Küchenmaschine

Saure Apfelkugeln**

Zutaten für ca. 50 Stück

200 g Walnüsse (10 Stunden in Quellwasser eingeweicht und gut abgetropft)
15 Datteln
3 saure Äpfel
100 g Sonnenblumenkerne (10 Stunden in Quellwasser eingeweicht und gut abgetropft)
1 Zitrone
100 g getrocknete Berberitzen

Die Walnüsse mit einem Messer grob hacken und die Datteln entkernen. Ebenso die Kerngehäuse der Äpfel entfernen und 1 Apfel in Stücke – in der Größe der gehackten Walnüsse – schneiden. Die beiden anderen Äpfel mit den Datteln und den Sonnenblumenkernen im Mixer fein pürieren. Die Zitrone auspressen. Alle Zutaten gut vermischen und den Teig zu circa 1 Zentimeter großen Kugeln formen. Im Dörrgerät 20 Stunden lang bei 40 °C trocknen.

Einweichzeit: 10 Stunden
Zubereitungszeit: 60 Minuten
Trockenzeit: 20 Stunden
Haltbarkeit: in einem luftdicht verschlossenen Glas mehrere Tage
Geräte: Mixer, Dörrgerät

„Mampfis" (Mango-Pfirsich-Gummiblütchen)*

Zutaten für ca. 80 Stück

3 EL ungeschälte Leinsamen (10 Stunden in Quellwasser eingeweicht)
3 Mangos
5 Weinbergpfirsiche
3 Datteln (entkernt und 10 Stunden in Quellwasser eingeweicht)

Die Leinsamen in ein Haarsieb geben und den Schleim in eine Glasschüssel tropfen lassen. Die Mangos schälen und das Fruchtfleisch vom Kern lösen. Die Pfirsiche entkernen und anschließend alle Zutaten in einem Mixer gut durchpürieren.

Tipp: Sie können die Masse auch in eine Pralinenform füllen. Die Form in das Dörrgerät stellen und bei 40 °C so lange trocknen, bis die „Mampfis" eine gummiartige Konsistenz haben.

Einweichzeit: 10 Stunden
Zubereitungszeit: 30 Minuten
Trockenzeit: ca. 2 Tage
Haltbarkeit: 3 Monate
Geräte: Mixer, Dörrgerät

Mango-Knuspermüsli*

Zutaten für 1 Person

- 50 g Buchweizen (24 Stunden in Quellwasser eingeweicht)
- 4 Datteln (entkernt, 12 Stunden in Quellwasser eingeweicht und nicht abgetropft!)
- ½ Zitrone
- 50 g frische Walnüsse, geschält
- 40 g getrocknete Walnüsse (10 Stunden in Quellwasser eingeweicht; alternativ, falls keine frischen Walnüsse zu bekommen sind)
- 2 reife Mangos

Die Buchweizenkerne 1 Tag in so viel Quellwasser einweichen, dass sie sich gut vollsaugen können. Das Wasser sollte circa 1 Zentimeter über den Buchweizen stehen. Falls nötig, Quellwasser nachgießen.

Die Buchweizenkerne mit dem Wasser beziehungsweise Schleim im Dörrgerät bei 40 °C auf einer Dörrfolie so lange trocknen, bis sie ganz trocken sind (circa 24 Stunden). Sie können gleich mehr davon trocknen und die nicht benötigten Kerne in Glasbehältern mehrere Wochen lang aufbewahren.

Die Datteln entkernen und über Nacht in so viel Quellwasser einweichen, dass sie sich gut vollsaugen können. Am nächsten Tag die Datteln mit dem Einweichwasser, dem Zitronensaft und den Walnüssen im Mixer zu einem glatten Brei verarbeiten. Die Mangos schälen, den Kern herauslösen und das Fruchtfleisch in kleine Stückchen schneiden.

Die getrockneten Buchweizenkerne, das Mangofleisch und den Walnussbrei gut vermischen und das gesunde Müsli genießen!

Einweichzeit: 1 Tag
Zubereitungszeit: 10 Minuten
Trockenzeit: 1 Tag
Haltbarkeit: 0
Geräte: Dörrgerät, Mixer

Tipp: Mangozeit ist zugleich auch Walnusszeit. Verwenden Sie am besten frische Walnüsse für dieses Müsli. So schmeckt es gleich doppelt so gut! Besonders im Sommer sind in vielen Asialäden und Bio-Supermärkten (weitere Bezugsquellen finden Sie auf Seite 152 ff.) zudem auch köstliche Mangos erhältlich.

MaMe-Kaffee*

Zutaten für 4 Tassen

½ l Quellwasser
1 EL rohes Mandelpüree
4 eingeweichte Datteln ohne Stein (je nach Bedarf)
2 TL schwarze Zuckerrohrmelasse (nicht rohköstlich)

Alle Zutaten im Mixer zu einer homogenen Masse verarbeiten. Trinken und genießen!

Tipp: Wenn Sie den Kaffee ganz fein mögen, sieben Sie ihn am besten durch ein feines Sieb, bevor sie ihn trinken.

Einweichzeit: 0
Zubereitungszeit: 5 Minuten
Haltbarkeit: 0
Geräte: Mixer

Wissenswertes zum Thema „Mandeln"
Nach epidemiologischen Studien ist erwiesen, dass der regelmäßige Verzehr von Mandeln und Nüssen dazu beitragen kann, die durch Herz-Kreislauf-Erkrankungen bedingte Sterblichkeit zu senken. So kann der Genuss von nur 20 Gramm Mandeln pro Tag das Risiko einer Herzkrankheit halbieren. Darüber hinaus sind Mandeln für ihre cholesterinsenkende Wirkung bekannt und für ihren sehr hohen Anteil an Folsäure, die besonders in der Schwangerschaft sehr wichtig ist. Zudem enthalten Mandeln ausgesprochen viel Vitamin E und sind wahre Kalziumbomben.

KAPITEL 9

GRUNDREZEPTE

Ketchup

- 4 Datteln (entkernt, 12 Stunden in Quellwasser eingeweicht)
- 2 halbe getrocknete Tomaten (12 Stunden in Quellwasser eingeweicht)
- 2 frische Tomaten
- 2 EL kalt gepresstes Olivenöl
- 1 Msp. Himalajasalz

Die Datteln entkernen und zusammen mit den getrockneten Tomaten über Nacht in wenig Quellwasser einweichen.

Am nächsten Tag die frischen Tomaten wie einen Apfel schälen und die harten Teile herausschneiden. Das Wasser von den eingeweichten Datteln und Tomaten abgießen und alle Zutaten im Mixer zu einer homogenen Ketchup-Creme verarbeiten.

Einweichzeit: 12 Stunden
Zubereitungszeit: 20 Minuten
Haltbarkeit: 2 Tage
Geräte: Mixer

Mayonnaise

1 Zitrone
2 EL rohes Mandelpüree
1/8 l Kanne Brottrunk
1/8 l Maiskeimöl
1 TL Himalajasalz
1 TL Nama-Bio Tamari

Die Zitrone auspressen. Das Mandelpüree, den Kanne Brottrunk und den Zitronensaft im Mixer gut pürieren und bei laufender Maschine langsam das Maiskeimöl zugeben. Erst wenn die Mayonnaise gut steif ist, das Salz und das Tamari untermischen.

Je mehr Öl Sie verwenden, umso fester wird die Mayonnaise. (Probieren Sie auch die Sushi-Mayonnaise auf Seite 83).

Vorbereitungszeit: 0
Zubereitungszeit: 20 Minuten
Haltbarkeit: 3 Tage gut abgedeckt im Kühlschrank
Geräte: Mixer

Milchsauer eingelegte Karotten

2 kg Karotten mit Grün

1 EL Himalajasalz

Die Karotten mit dem Gemüsehobel in dünne Scheiben schneiden. Das Karottengrün waschen und gut abtropfen lassen. Die Karotten mit dem Salz in einer Glas- oder Keramikschüssel so lange sanft durchkneten, bis sich Flüssigkeit bildet. Abwechselnd die Karotten und das Grün in ein luftdicht verschließbares Gefäß füllen und sehr fest zusammenpressen. Das ausgetretene Wasser sollte über den Karotten stehen. Das Gefäß verschließen und 3 Tage dunkel in einem beheizten Raum ruhen lassen. Die milchsauer eingelegten Karotten anschließend 3 Wochen in einem gekühlten Raum gären lassen.

Vorbereitungszeit: 0
Zubereitungszeit: insgesamt mindestens 24 Tage, davon ½ Stunde Arbeitszeit (für das Putzen, das Hobeln und das Einlegen des Gemüses: ½ Stunde, für das Dunkelstellen: 3 Tage, für das Ruhenlassen im kalten Zimmer: mindestens 3 Wochen)
Haltbarkeit: 1 Jahr
Geräte: Gemüsehobel

Milchsauer eingelegter Rotkohl

2 kg Rotkohl
1 EL Himalajasalz
1 Handvoll Wacholderbeeren

Den Rotkohl mit dem Gemüsehobel in dünne Scheiben schneiden. Anschließend den Kohl mit dem Salz in einer Glas- oder Keramikschüssel so lange sanft durchkneten, bis sich Flüssigkeit bildet. Abwechselnd Rotkohl und Wacholderbeeren in ein luftdicht verschließbares Gefäß füllen und sehr fest zusammenpressen. Das ausgetretene Wasser sollte über dem Rotkraut stehen. Das Gefäß verschließen und 3 Tage dunkel in einem beheizten Raum ruhen lassen. Den milchsauer eingelegten Rotkohl anschließend 3 Wochen in einem gekühlten Raum gären lassen.

Vorbereitungszeit: 0
Zubereitungszeit: insgesamt mindestens 24 Tage, davon ½ Stunde Arbeitszeit (für das Putzen, das Hobeln und das Einlegen des Gemüses: ½ Stunde, für das Dunkelstellen: 3 Tage, für das Ruhenlassen im kalten Zimmer: mindestens 3 Wochen)
Haltbarkeit: 1 Jahr
Geräte: Gemüsehobel

Milchsauer eingelegter Sellerie

2 kg Knollensellerie

1 EL Himalajasalz

Den Knollensellerie schälen und mit dem Gemüsehobel in dünne Scheiben schneiden. Den Knollensellerie mit dem Salz in einer Glas- oder Keramikschüssel so lange sanft durchkneten, bis sich Flüssigkeit bildet. Den Knollensellerie in ein luftdicht verschließbares Gefäß füllen und sehr fest zusammenpressen. Das ausgetretene Wasser sollte über dem Sellerie stehen. Das Gefäß verschließen und 3 Tage dunkel in einem beheizten Raum ruhen lassen. Dann den milchsauer eingelegten Knollensellerie 3 Wochen in einem gekühlten Raum gären lassen.

Vorbereitungszeit: 0
Zubereitungszeit: insgesamt mindestens 24 Tage, davon ½ Stunde Arbeitszeit (für das Putzen, das Hobeln und das Einlegen des Gemüses: ½ Stunde, für das Dunkelstellen: 3 Tage, für das Ruhenlassen im kalten Zimmer: mindestens 3 Wochen)
Haltbarkeit: 1 Jahr
Geräte: Gemüsehobel

ANHANG

Zutaten

Himalajasalz oder Kristallsalz (pH-Wert +7,2)

Das Salz aus dem Bergmassiv des Himalaja ist 250 Millionen Jahre alt. Es wird von Hand abgebaut, selektiert, gewaschen und getrocknet. Himalajasalz wird nicht industriell bearbeitet und ist von höchster Qualität.

Während unser raffiniertes Speise- oder Kochsalz nur noch aus Natrium und Chlorid besteht, enthält dieses hochwertige Salz 84 Elemente (die auch in unseren Körperflüssigkeiten enthalten sind). Ungefähr 95 Prozent des raffinierten Salzes werden in der Industrie verwendet. Hier wird Natriumchlorid (und kein Kristallsalz) benötigt, um chemische Abläufe zu steuern. Der Rest, also etwa 5 Prozent, landet im Lebensmittelhandel. Das angebotene Speisesalz ist zudem meist noch jodiert, obwohl mittlerweile wissenschaftlich nachgewiesen ist, dass die schädlichen Nebenwirkungen diese Jodierung längst nicht mehr rechtfertigen. (So sind etwa die durch Jod hervorgerufenen Allergien in den letzten Jahren sprunghaft angestiegen.)

Meersalz, das die lebenswichtigen 84 Elemente – im Gegensatz zu Kochsalz – ebenfalls enthält, ist heute oft schadstoffbelastet (besonders mit Schwermetallen wie Blei). Kristallsalz hingegen, Jahrmillionen unter Druck im Berg „herangereift", ist frei von solchen Verunreinigungen. Im Vergleich zu Steinsalz ist Kristallsalz die hochwertigere Form von Natursalz mit einem heterogenen Gemisch von Mineralien und Spurenelementen. Es war in früheren Zeiten unter der Bezeichnung „Königssalz" bekannt und nur für den Adel bestimmt. Bis heute zeugen Wortwendungen wie „das Salz des Lebens" oder „das weiße Gold" davon (und von der einstigen Wertschätzung für das Salz). Im Kristallsalz hat sich die Energie im Laufe der Zeit in einer ganz bestimmten kristallinen Struktur aufgebaut, und vergleicht man es mit Steinsalz, dann ist es, als würde man einen Kristall mit einem Stein vergleichen.

Alle 84 Elemente liegen im Kristallsalz kolloidal, das heißt in organischer Form (so klein, dass sie die Zellmembran noch passieren können) vor. Von einem Natursalz kann man nie zu viel zu sich nehmen, weil sich jeder natürliche Prozess von selbst reguliert. Es hat immer eine ausgleichende und regulierende Wirkung! Zu viel Kristallsalz kann niemals zu Bluthochdruck führen – im Gegenteil: Durch seine ausgleichende Wirkung wird ein zu hoher Blutdruck sogar reguliert. Bei Übersäuerung, Zahnfleischbluten, Zahnstein, Zahnfleischschwund, Mundgeruch und so weiter ist es am besten, die Zähne mit einer Salzsole zu putzen. Die positive Wirkung wird innerhalb von wenigen Tagen sichtbar. Kristallsalz löst außerdem Kalk auf, das heißt, es beseitigt Zahnstein.

Alte Natriumchlorid-Gifte, die sich über Jahre hinweg in kristalliner Form an Gelenken abgelagert haben, löst man am einfachsten mit einer Soletrinkkur auf, indem man über einige Wochen hinweg jeden Morgen einen Teelöffel Salz-Sole (26-prozentige Salzlösung) zu sich nimmt. Das beeinflusst auch den Elektrolythaushalt des Körpers positiv. Kristallsalz ist vielseitig einsetzbar: etwa für ein Solebad (bei Hauterkrankungen wie Neurodermitis, Akne oder bei Rheuma und Gelenkerkrankungen), eine Soleinhalation (wirkt gegen Asthma und Bronchitis) oder eine Soletrinkkur.

Miso (pH-Wert schwach sauer)

Miso ist eine milchsauer vergorene Paste aus Sojabohnen und meist einer Getreideart. Bei der Miso-Herstellung findet – ähnlich wie beim milchsauer eingelegten Gemüse (siehe Seite 128 ff.) – durch Gärung eine qualitätssteigernde Umwandlung statt.

Miso hat eine cremige bis feste Konsistenz und ist ein gesundes Allzweckgewürz, das Salz sehr gut ersetzen kann. Es verursacht im Gegensatz zum Kochsalz kein Durstgefühl. Durch seine Enzyme und Nährstoffe kann der Körper das in ihm enthaltene Salz besser verarbeiten. Helles Miso schmeckt mild und süßlich, dunkles Miso besitzt aufgrund seines höheren Anteils an Meersalz ein intensiveres, würzigeres Aroma. Dieses Würzmittel enthält alle essenziellen Aminosäuren, wichtige Mineralstoffe sowie Vitamin B_{12}. Sein Eiweißgehalt liegt - je nach Sorte - zwischen zwölf und 20 Prozent. In Japan sind mehr als 50 verschiedene Miso-Sorten erhältlich, in Deutschland finden Sie im Wesentlichen drei: Reis-Miso (Kome- oder Genmai), Gersten-Miso (Mugi) und Sojabohnen-Miso (Hatcho).

Miso beugt Arteriosklerose vor, es zieht radioaktive Elemente aus dem Körper und wirkt hemmend auf die Entstehung von Magenkrebs. Die in ihm enthaltenen Fermente fördern die Verdauung.

Die traditionelle Herstellung kann bis zu drei Jahren dauern: Gekochte Sojabohnen werden mit Meersalz und Wasser vermengt und mit der Starterkultur Koji angesetzt. Achten Sie beim Kauf darauf, dass das Miso auf traditionelle Weise und ausschließlich mit Zutaten aus kontrolliert biologischem Anbau hergestellt wurde.

Olivenöl

Auch wenn bis heute immer wieder neue und widersprüchliche Erkenntnisse auf dem Gebiet der Cholesterinforschung bekannt werden, gilt es inzwischen als gesichert, dass Olivenöl in der Ernährung für Menschen mit erhöhten Cholesterinwerten von Vorteil ist. Wer in einem Mittelmeerland lebt, hat trotz einer meist kalorien- und fettreichen Ernährung ein geringeres Herzinfarktrisiko und niedrigere Cholesterinwerte als ein Nordeuropäer. Dass Erstere viele Oliven und Olivenöl auf ihrem Speiseplan haben, hat einen günstigen Einfluss auf ihren Gesamtcholesterinspiegel. Olivenöl ist das einzige Speiseöl, das den LDL-Cholesterinwert

Olivenöl kann farblich grün bis goldgelb – im ungefilterten Zustand auch trüb – sein, je nachdem, wie viel Chlorophyll bzw. Karotin in den Oliven enthalten ist.

senkt und gleichzeitig den HDL-Cholesterinwert erhöht. Ganz anders wirken Pflanzenöle mit einem hohen Anteil an mehrfach ungesättigten Fettsäuren, wie zum Beispiel Distel- und Sonnenblumenöl. Sie senken den Gesamtcholesterinspiegel – also auch das wertvolle HDL.

Hochwertiges Olivenöl ist aufgrund seiner Zusammensetzung besonders leicht emulgierbar und dadurch auch leicht verdaulich. Es wird vom Körper fast vollständig „genutzt". Außerdem enthält dieses Öl nur wenig Vitamin A, aber besonders viel Vitamin E, das Thrombosen verhindert, die Leistung der Schilddrüse und die Sauerstoffversorgung des Körpergewebes verbessert.

Olivenöl regt den Gallenfluss an. Menschen mit Magenproblemen ist es deshalb besonders zu empfehlen. Wie Studien mit Patienten mit Magen- und Darmgeschwüren zeigten, gingen durch den Konsum von Olivenöl die Geschwüre um bis zu 39 Prozent zurück. Bei Patienten, die unter Verstopfung leiden, kann Olivenöl wahre Wunder wirken. Dazu wird wenig Olivenöl mit etwas Zitronensaft gemischt und abends vor dem Schlafengehen oder morgens auf nüchternen Magen eingenommen. Das Öl macht außerdem die Zellmembran stabiler, das heißt weniger anfällig für freie Radikale, und es wirkt somit als natürliches Antioxidans.

Im Norden Europas ist die Krebsrate generell höher als in den Mittelmeerländern. Verschiedene Studien deuten darauf hin, dass der regelmäßige Verzehr von Oliven beziehungsweise Olivenöl auch verschiedene Krebserkrankungen hemmt. Das Öl ist nach heutigen Erkenntnissen zur Verhütung und Heilung von Herz-Kreislauf-Erkrankungen, speziell von Arteriosklerose, zur Behandlung von Leber-Galle-Leiden, Darmträgheit und gegen zahlreichen Stoffwechselstörungen einsetzbar.

Wichtig ist allerdings, dass Sie ein hochwertiges Olivenöl aus erster Pressung (ein „Jungfernöl") verwenden. Solche Öle sind immer kalt gepresst und unraffiniert (nativ).

Bezugsquellen für Olivenöl und andere Speiseöle: siehe Seite 152 ff.

Shoyu (pH-Wert säuernd)

Shoyu ist ein Würzmittel, das vor etwa 5000 Jahren in China entwickelt wurde. Durch seine Fermentation hat Shoyu einen hohen gesundheitlichen Nutzen und wird in *Rohköstlichkeiten mit Nüssen und Samen* als Würzmittel eingesetzt, obwohl es ein erhitztes Produkt ist.

Shoyu wird folgendermaßen hergestellt: Vollwertiger Winterweizen wird geröstet und zerkleinert, ganze Sojabohnen werden gedämpft. Diese Zutaten werden dann zu gleichen Teilen vermischt und mit Sporen des Aspergillus-Pilzes geimpft. Nach 3 Tagen in einem warmen Raum mit hoher Luftfeuchtigkeit ist die Mischung aus Sojabohnen und Weizenkörnern mit einer Matte aus weichem, duftendem Schimmelpilz bedeckt, der reich an natürlichen Enzymen ist. Nun kommt dieses „Koji" genannte Gemisch in eine Lake aus Wasser, Meersalz und Nigari (ein mineralischer Rückstand, der beim Extrahieren von Natriumchlorid aus Meersalz zurückbleibt) und ruht in Fässern aus gut abgelagertem Zedernholz etwa 18 Monate (oder mindestens zwei ganze Sommer) lang.

Während der Reifung zersetzen Hefepilze, Enzyme und Bakterien, die sich nun entwickeln, die Kohlenhydrate, das Eiweiß und die Fette des Weizens und der Sojabohnen – so entstehen Zucker, aromatischer Alkohol und Amino- und Fettsäuren.

Das reife, vergorene Gemisch wird in Baumwollsäcke gefüllt und unter großem Druck ausgepresst. Zurück bleibt eine dunkle Flüssigkeit, eine Mischung aus Shoyu und Roh-Sojaöl (Letzteres schwimmt an der Oberfläche und wird abgeschöpft). Das Shoyu wird bei niedrigen Temperaturen pasteurisiert und anschließend in Flaschen gefüllt. Das gesamte Verfahren dauert etwa 24 Monate.

Nama Shoyu, das auch als Champagner unter den Sojasoßen bezeichnet wird, ist sehr mild und in seinem weichen, aromatischen Geschmack unübertroffen.

Quellwasser

Von allen Lebensmitteln am wichtigsten für uns ist Wasser. Es wäre ideal, wenn die zugeführte Nahrung so viel Wasser enthielte, dass wir kein Wasser zusätzlich zu uns nehmen müssen. Da es aber kaum möglich ist, den Flüssigkeitsbedarf durch Früchte und Gemüse zu decken, ist es wichtig, das *richtige* Wasser zu trinken. Welches nun aber das „richtige" Wasser ist, darüber sind Naturkundler geteilter Meinung: Der eine wirbt für Umkehrosmose, der andere für destilliertes Wasser.

Meinen Erfahrungen zufolge ist unser Organismus für natürliches Quellwasser am dankbarsten. Es gibt vielerorts Quellen, an denen sich natürlich „gereiftes" Wasser abfüllen lässt. (Doch es ist Vorsicht geboten: Das Wasser könnte verunreinigt sein.)

Quellwasser

- enthält organische Mineralien;
- ist lebendiges Wasser, da es natürlich gereift ist;
- enthält keine Bakterien;
- versorgt unseren Organismus perfekt und
- es kostet nichts.

Wir können sehr gutes Quellwasser auch kaufen oder es, so gut es uns möglich ist, selbst herstellen. Jedoch vermag keine künstliche Wasserbelebung die natürliche unterirdische Energetisierung und Strukturierung zu ersetzen, sondern kann sie nur nachahmen!

Wasser hat viele Aufgaben in unserem Körper zu erfüllen, die wichtigste darunter ist die Erhaltung des erforderlichen osmotischen Drucks unserer Zellen und die Aufrechterhaltung des gesamten Stoffwechsels. Wasser gewährleistet den Transport von Nährstoffen sowie den Abtransport der vom Körper nicht verwertbaren Schlacken und Schadstoffe. Wasser hat jedoch nicht

Trinken Sie ausschließlich Wasser in Quellwasserqualität: So tut es Ihrem Körper gut.

die Aufgabe, den Körper mit Mineralien und Spurenelementen zu versorgen, und zwar aus folgendem Grund: Salze und Spurenelemente liegen im Wasser in einer Form vor, in der sie polarisiertes Licht nicht drehen können. Ohne diese Eigenschaft können sie die Zellmembran nicht (oder nur in geringem Maße) durchdringen und es entsteht ein erhöhter osmotischer Druck außerhalb der Zellmembran, was im Zellinneren zu einem verminderten Druck und zu Wassermangel führt.

Wenn dieses Zellgleichgewicht gestört ist, kommt es zu einer Vielzahl von Folgeerkrankungen, zu denen auch Krebs und Herz-Kreislauf-Krankheiten gehören. Schon Louis Pasteur stellte fest: Wir trinken 90 Prozent unserer Krankheiten! In rund der Hälfte von 240 untersuchten Flaschenwassern wurden beispielsweise giftige Schadstoffe und erhöhte Nitratgehalte festgestellt.

Im Handel erhältliches Quellwasser hat seinen Ursprung in unterirdischen Wasservorkommen und wird am Quellort abgefüllt. Die Quellen müssen aber weder amtlich anerkannt noch von ursprünglicher Reinheit sein. Quellwasser muss jedoch die chemischen Anforderungen von Trinkwasser erfüllen.

Dass Mineralwasser mit reichlich Mineralien sowie kalkhaltiges Trinkwasser für unsere Gesundheit vorteilhaft sein soll, hat sich als eine Irrlehre erwiesen. Der Hydrologe Professor Louis-Claude Vincent und seine Schüler haben nachweisen können, dass weiches, mineralarmes Wasser für unsere Gesundheit wesentlich besser ist.

Weitere nützliche Informationen finden Sie unter *www.aquafontana.de*, *www.breuker-umwelttechnik.de.*

Zuckerrohrmelasse

„Die gesündeste und beste Nahrung der Welt“ (Christoph Columbus)

Ein sehr unscheinbares Produkt entpuppt sich als wahres Vitalstoff-Kraftpaket. Bei der Zuckerherstellung werden dem Zuckerrohr alle wertvollen Inhaltsstoffe entzogen, um daraus ein ungesundes Lebensmittel, den Haushaltszucker zu gewinnen. Der Abfallstoff der Zuckerherstellung, die Melasse, enthält hingegen die entzogenen wertvollen Inhaltsstoffe in konzentrierter Form – und findet kaum Beachtung in unserer Ernährung.

Zuckerrohrmelasse ist eine natürliche Wundernahrung. Sie enthält Kalium, Kalzium, Phosphor, Magnesium, Eisen, Kupfer Vitamin B_1, Vitamin B2, Vitamin B_6, Niacin, Pantothenat, Folsäure und zudem Pantothensäure, Biotin und Thiamin.

Zuckerrohrmelasse ist jedoch kein Rohkostprodukt!

Siehe dazu auch die Literaturhinweise auf Seite 155 f.

Zubereitungsmethoden

Keimen und Ziehen von Sprossen

Das Keimen ist die beste Methode, um die Lebenskraft und den Nährstoffgehalt von Samen und Nüssen zu optimieren. Die meisten Samen kann man keimen lassen. Keimnahrung lässt sich mühelos mit einem Zeitaufwand von täglich zwei bis drei Minuten in jedem Raum ziehen. Man erhält eine hochwertige, nicht umweltbelastete Frischzellnahrung, die köstlich schmeckt, für jedermann erschwinglich ist und während des Keimvorgangs zur doppelten bis dreifachen Quantität und Qualität sprießt. Die Keimdauer ist sehr unterschiedlich. Sie hängt von der Wärme im Raum, von der Jahreszeit und vom Keimgut selbst ab. Die Faustregel lautet: Nach 3 bis 6 Tagen sollte das Keimgut verzehrfertig sein. Einige Getreidesorten wie Hafer, Hirse und Buchweizen werden zwar enzymatisch aktiv, doch sie keimen nicht wirklich.

Ich wende gern die folgende, bewährte Keimmethode an: Waschen Sie das Keimgut gründlich und lassen Sie es über Nacht in einer Glasschüssel mit der zwei- bis dreifachen Menge Quellwasser vorquellen. Um der Schimmelpilzbildung vorzubeugen, können Sie dem Quellwasser auch Stein- oder Meersalz zugeben (pro Liter Wasser ½ Teelöffel). Dies versorgt das Keimgut zudem mit zusätzlichen Mineralien. Das Keimgut am nächsten Tag mehrmals mit Leitungswasser abspülen und in ein Sprossengerät geben (beispielsweise „Biosnacky" oder Einmachgläser).

Wenn Sie den „Biosnacky" verwenden: Jeden Tag das Wasser in der Auffangschale ausleeren und das Keimgut mit frischem Quellwasser spülen. Die Keimzeit richtet sich nach dem Keimgut und der gewünschten Größe der Keimlinge.

Sprossen aus Keimsaaten sind Gesundheit pur: Sie stecken voller Vitamine, bioverfügbarer Mineralstoffe, lebendiger Enzyme und aktiver Antioxidantien.

Grundsätzlich sollte Folgendes beachtet werden: Die Wurzeln der Keimlinge sollten nicht über die Größe des Samenkorns hinauswachsen, da das Keimgut ansonsten schwer verdaulich wird und sein Nährwert abnimmt.

Bohnen und Getreidekeimlinge schmecken nussartig, wenn die Wurzeln nicht länger als das Saatgut selbst werden. Ansonsten büßen auch sie Geschmack und Nährwert ein. Alfalfa- und Rettichsprossen gedeihen sehr schnell und werden in einer großen Glasschüssel mit reichlich Quellwasser „gebadet" sobald kleine Blättchen sprießen. Dabei trennen sich die Samenhüllen ab und schwimmen an der Wasseroberfläche, wo sie gut abgeschöpft werden können. Auch die Sprossen von anderen Samen sollten Sie vor dem Verzehr gut waschen und in einem Sieb abtropfen lassen.

Keimgut aufbewahren: Keimlinge wachsen nicht (oder kaum) weiter, wenn man sie dicht gepackt in Gläser verschließt und in den Kühlschrank stellt. Die Sprossen bleiben gekühlt bis zu 6 Tage frisch und bereichern unsere Mahlzeiten mit einer Extraportion Frischzellenkost.

Milchsauer einlegen

Da die Rohkost zu einem Großteil aus basischen Lebensmitteln besteht, halte ich den Verzehr von milchsauer eingelegtem Gemüse *ab und zu* für tolerierbar. Die milchsauer eingelegten Gemüse, die in den Rezepten verwendet wurden, können problemlos auch mit frischem Gemüse zubereitet werden.

Wie entsteht Milchsaures?

Milchsäure ist eine organische Säure, die in vielen pflanzlichen und tierischen Organismen vorkommt und auch in jeder menschlichen Zelle anzutreffen ist. Aber wir befinden uns hier, wie der Name schon sagt, im sauren Bereich.

Es gibt eine rechtsdrehende und eine linksdrehende Milchsäure. Aber nur die rechtsdrehende Milchsäure ist für den Menschen gesund. Die meisten mit Milchsäure haltbar gemachten Lebensmittel enthalten jedoch ein Gemisch aus links- und rechtsdrehender Milchsäure (Racemat). Die linksdrehende Milchsäure wird nicht in den Stoffwechsel integriert und belastet sowohl die Nieren als auch die Leber bei ihrer Ausscheidungsarbeit. Die Weltgesundheitsorganisation (WHO) empfiehlt, möglichst nicht mehr als 100 Milligramm linksdrehende Milchsäure pro Kilogramm Körpergewicht und Tag zu sich zu nehmen.

Bei hohen oder tiefen pH-Werten werden die Stoffwechselaktivitäten von Bakterien und Mikroorganismen zunehmend geringer. Die meisten Bakterien können bis zu einem Minimalwert von pH 4,4 und bis zu einem Maximalwert von pH 9 noch überleben. Ab einem pH-Wert unter 4 und über 9 sind nur noch Spezialisten überlebensfähig.

Zu diesen Spezialisten gehören die Milchsäurebakterien, die bei einem pH-Wert von 3 noch überleben können. Sie werden schon lange zum schonenden Haltbarmachen von Gemüse, Obst und Milcherzeugnissen eingesetzt. Man spricht dann von einer „Lactofermentation“, „Milchsäuregärung“ oder „milchsauren Verarbeitung“. Sauerkraut ist wohl das bekannteste milchsauer vergorene Lebensmittel. Durch die fäulnishemmende Wirkung der rechtsdrehenden Milchsäure ist es möglich, diese Lebensmittel lange haltbar zu machen. Die Reduzierung des pH-Werts in den Lebensmitteln auf einen Wert von etwa 4 macht diese Konservierung möglich. Der Versuch, milchsaure Kost mit rechtsdrehender Milchsäure anzureichern, wird nicht gelingen.

Auswirkungen von säuernder Nahrung auf den Organismus: Milchsäure wirkt anregend auf die Darmbewegung (Peristaltik) und die Verdauung. Alle erhitzten Milchsäureprodukte entziehen dem Körper jedoch lebensnotwendige Mineralstoffe, hauptsächlich den phosphorsauren Kalk aus den Knochen und weichen

Geweben. Die pseudowissenschaftliche Propaganda: „Esst gesundheitsfördernde Milchsäureprodukte“ widerlegten der deutsche Chemiker Fred W. Koch und in den USA die Professoren Pitts und McClure. Sie kamen zu folgendem Schluss: „Wir schädigen unsere Zellen außer mit säuernden Zellschlacken auch mit säuernder Nahrung!“

Milchsäuregärung hat den Vorteil, dass alle wesentlichen Inhaltsstoffe der frischen Pflanze erhalten bleiben. Gärgemüse sind reich an Vitaminen, Mineralstoffen und Spurenelementen. Beim Gärprozess werden zudem sogar Vitamine, wie zum Beispiel Vitamin C und Vitamin B_{12} gebildet. Darüber hinaus entstehen Enzyme, die sich bei vielen Menschen positiv auf die Verdauung auswirken. Allerdings sind milchsauer eingelegte Gemüse mit pH-Werten um 4 (*Ich weise noch einmal darauf hin!*) extrem säuernd.

Informationen dazu finden Sie auch in dem Buch *Willst Du gesund sein? Vergiss den Kochtopf!* von Helmut Wandmaker oder in *Stopp der Azidose, Allergien und Haarausfall. Ursachen. Vorbeugung. Hilfe.* von Halima Neumann.

Trocknen und Dörren

Trocknen und Dörren sind alte überlieferte Methoden des Haltbarmachens. Unsere Vorfahren benutzten die Sonne und den Wind zum Trocknen und wir nehmen dafür einen Lebensmitteltrockner oder ein Dörrgerät, bei dem wir Temperaturen unter 40 °C einstellen können und so sicherstellen, dass die Inhaltsstoffe der Pflanze weitgehend erhalten bleiben. Trotzdem ist aber nicht auszuschließen, dass durch die Einwirkung von Sauerstoffeinwirkung und Wärme gesundheitsfördernde Nährstoffe verloren gehen.

Äpfel, Birnen, Aprikosen, Mangos, Erdbeeren, Papaya, Trauben, Zwetschgen, Mirabellen et cetera können auf diese Weise haltbar gemacht werden und bereiten uns im Winter wahre Gaumenfreuden. Aber auch Gemüse wie zum Beispiel Zucchini kann getrocknet werden.

Zunächst werden die Früchte gewaschen und das Kerngehäuse, die Kerne oder der Stein werden entfernt. Vom Schälen der Äpfel, Birnen oder anderer Früchte rate ich Ihnen ab, da Sie damit wertvolle Nährstoffe einfach wegschneiden. Die Früchte in nicht allzu große Stücke schneiden, auf die Dörrgitter des Trockners legen und bei 40 °C trocknen.

Die Trocknungszeit ist von der verwendeten Frucht abhängig. Am besten schauen Sie immer mal wieder nach, ob die Frucht noch kleiner wird. (Sie schrumpft beim Trocknen, weil sie Wasser verliert.) Wenn sich Ihre Form nicht mehr verändert, können Sie das Trocknen beenden.

Die getrockneten Früchte können Sie einige Monate in einem luftdicht verschlossenen Glasbehälter gut aufbewahren.

Küchengeräte

Champion-Entsafter

Dieser von Dr. Norman Walker entwickelte Entsafter verarbeitet die Fasern des Obstes und Gemüses zu einem Brei und drückt erst dann den Saft aus ihm heraus. Auf diese Weise enthält der Saft ein Maximum an Vitaminen, Enzymen und Mineralien. Dank seines rotierenden Schneidewerkes, das bei 1400 Umdrehungen pro Minute arbeitet, entsaftet der „Champion" sehr schonend bei geringfügiger Erwärmung und niedriger Sauerstoffzufuhr (sodass die Vitalstoffe erhalten bleiben). Das Gerät wird seit 1955 ohne wesentliche Veränderungen gebaut und Sie können mit ihm auch Nussmus, Feigenmus, Apfelmus und Karottenmus herstellen.

Gemüsehobel

Ein breiter Gemüsehobel – wie etwa der *Gourmethobel* von Rösle –, bei dem Sie die Dicke der gehobelten Scheiben einstellen können, erleichtert Ihnen das Schneiden von Obst und Gemüse.

Keimgerät

Mit einem Keimgerät können Sie Sprossen und Keimlinge selbst ziehen – einfach und schnell. Ernten können Sie schon nach wenigen Tagen. Ich selbst habe die besten Erfahrungen mit einem Keimgerät gemacht, in dem man verschiedene Samensorten zur gleichen Zeit keimen lassen kann. Das Gerät sollte allerdings in keinem Fall aus Plastik sein, sondern aus Glas oder einem für Lebensmittel geeigneten Acrylglas und es sollte am besten ein Bewässerungssystem haben, das das mühsame Wechseln des Wassers überflüssig macht.

Dörrgerät oder Lebensmitteltrockner

Getrocknete Rohkostlebensmittel – hier darf bei höchstens 40 °C getrocknet werden – behalten ihren Nährwert fast vollständig und der natürliche Eigengeschmack, das Aroma, nimmt durch den Wasserentzug eher noch zu. Ein Dörrgerät oder Lebensmitteltrockner trocknet alle Arten von Obst, Gemüse, Pilzen und Kräutern. Und Dörrobst und -gemüse bringen eine herrliche Abwechslung auch in die Rohkostküche.

Legumette oder „Chef Cutter"

Dieses Handgerät ermöglicht es Ihnen, alle festen Gemüse hauchdünn oder in Spaghetti zu schneiden. Sie können zum Beispiel aus Karotten, Roter Bete oder Kohlrabi spaghettiähnliche Fäden herstellen, aber auch breite Streifen, die wie Locken aussehen. Die Legumette ist auch zum kreativen Garnieren mit Früchten hervorragend geeignet.

Messer

Messer von guter Qualität sind das A und O in jeder Küche. In der Rohkostküche sind sie unentbehrlich, denn je besser das Messer, desto feiner die Rohkost! Was Sie für mehrere Messer in unterschiedlichen Größen investieren, erleichtert Ihnen Tag für Tag die Arbeit und das nicht nur, wenn es darum geht, Terrinen und Kuchen schön anzuschneiden. Rohköstler verwenden gern Keramikmesser, weil sie das Schneidgut im Gegensatz zu Metallklingen nicht oxidieren lassen. Leider brechen diese sehr scharfen Messer aber leicht und sind daher für hartes und faseriges Schneidgut nicht geeignet. Auch Kokosnüsse sollten Sie damit nicht öffnen.

Mixer

Für alle Speisen in diesem Buch ist ein Mixer unabdingbar. Wenn Sie öfter Rohkost zubereiten wollen, lohnt es sich, ein Gerät zu kaufen, das mit sehr hoher Geschwindigkeit arbeitet. Für die Rezepte in diesem Buch ist ein preiswerter Mixer wie etwa der *Personal Blender PB 200* (ein „Handmixgerät") ausreichend. Dieser ist mit einem Mahl- und mit einem Mixwerk ausgestattet, ist handlich und hat doch einen starken Motor.

Bezugsquellen für den *Personal Blender PB 200*: siehe Seite 153

Pürierstab

Ein Pürierstab oder Zauberstab wird unter anderem bei der Zubereitung von Suppen und Cremes eingesetzt.

Wasserfilter

Unser Leitungswasser ist mehr oder weniger mit Chlor, Nitrat, Medikamentenrückständen und anderen Schadstoffen belastet. Um diese Schadstoffe weitgehend zu eliminieren, werden im Handel zahlreiche Wasserfilter angeboten.

Ich verwende einen Aktivkohlefilter der Firma NSA, der die wesentlichen Schadstoffe des Leitungswassers herausfiltert und Ihnen einwandfreies und wohlschmeckendes Trinkwasser bietet, das hohen Ansprüchen gerecht wird:

Wasser-Wiederbeleber

Das Wasser, das für die Zubereitung der Speisen in diesem Buch verwendet wurde, hat eine besondere Qualität. Denn Wasser ist nicht gleich Wasser:

Wenn wir für die Zubereitung unserer Speisen Leitungswasser verwenden, haben wir den Nachteil, dass dieses Wasser tot ist, denn durch den Druck, mit welchem das Wasser zu uns nach Hause kommt, ist die ursprüngliche Quellwasserstruktur verloren gegangen.

Wir können diese Struktur jedoch wieder herstellen, indem

wir ein Wiederbelebungsgerät an unsere Wasserleitung anbringen. Wasser-Wiederbeleber werden von zahlreichen Firmen angeboten. Ich benutze den Wasser-Wiederbeleber von Grander.

Zum Thema „Wasser“ siehe auch unter „Literaturhinweise“ auf Seite 155 f.

Bezugsquellen

Agavendicksaft, roher: *www.keimling.de*
Apfelreibe: in Ihrem Fachgeschäft oder zahlreichen Internetshops erhältlich
Aprikosenkernmus, rohes: *www.keimling.de*
Aprikosenkernöl: *www.topfruits.de*
Aprikosen, wilde: *www.oekologisch-gut.de*
Berberitze, getrocknete: *www.topfruits.de*
Buchweizen: in Reformhäusern, Naturkostläden, Bio-Supermärkten und zahlreichen Internetshops erhältlich
Carobpulver, rohes: *www.veggiesdelight.de*
Cashewkerne in Rohkostqualität: *www.waltraud-weber.de*
Champion-Entsafter: *www.rohkostclub.de*
Chiasamen: *www.puravita.de*
Datteln: *www.orkos.de, www.waltraud-weber.de*
Dulsealgen: *www.orkos.com*
Edelkastanien-Rohkostpulver: *www.naturgaben.de*
Erdmandelmehl: *www.tigernuss.de*
Erdmandeln: *www.tigernuss.de*
Erdmandeln, gemahlene: *www.puravita.de*
Früchte, frische: *www.orkos.com*
Früchte, getrocknete: *www.waltraud-weber.de*
Gemüse, frisches: *www.orkos.com*
Gemüsehobel: in Ihrem Fachgeschäft oder zahlreichen Internetshops erhältlich
Gourmethobel von Rösle: in Ihrem Fachgeschäft oder zahlreichen Internetshops erhältlich
Hanfsamen: in Reformhäusern, Naturkostläden, Bio-Supermärkten, *www.keimling.de* oder *www.lifefood.de* erhältlich
Haselnüsse, rohe: *www.keimling.de, www.topfruits.de, www.waltraud-weber.de*
Himalajasalz: Reformhäuser, Naturkostläden und Bio-Supermärkte, *www.amansi.de, www.kristallsalz.de, www.firmahurtig.de*
Kanne Brottrunk: Reformhäuser, Naturkostläden und Bio-Supermärkte

Keimgerät für Sprossen: gut sortierte Reformhäuser, Naturkostläden, *www.keimling.de*

Kenarinüsse: *www.orkos.com*

Kokosnüsse, frische: *www.orkos.com, www.passion4fruit.de, www.tropenkost.de*

Kokosöl, geschmacksneutrales: *www.drgoerg.com*

Kokosöl in Rohkostqualität: *www.drgoerg.com*

Kokoswasser: *www.shop.respekt-bio.com*

Kräuter, frische: *www. herbathek.com* oder je nach Jahreszeit bei Ihrem Bio-Gärtner oder auf dem Markt erhältlich

Lebensmitteltrockner oder Dörrgerät: *www.keimling.de, www.rohkostclub.de* oder in gut sortierten Haushaltswarengeschäften

Legumette oder Chef Cutter: zu beziehen über Vincent Becker Spezialitätenversand, Gewerbestraße 11, 79285 Ebringen, oder *www.rohkoestlich.com*

Leindotteröl, kalt gepresstes natives: *www.leindotteroel.info*

Leinöl: *www.leinoel.com, www.rapunzel.de*

Leinsamen: Reformhäuser, Naturkostläden, Bio-Supermärkte

Lupinen Miso: *www.schwarzwald-miso.de*

Lustgewürz: *www.voodoofood.de*

Macadamianüsse in Rohkostqualität: *www.keimling.de, www.orkos.com, www.waltraud-weber.de*

Mandelmus (oder Mandelpüree), rohes: *www.keimling.de, www.puravita.de*

Maronimehl: *www.naturgaben.de, www.topfruits.de*

Meersalz: Reformhäuser, Naturkostläden, Bio-Supermärkte und gute Fachgeschäfte

Messer: In jedem guten Fachgeschäft erhalten Sie die für Ihre Verwendung erforderlichen Messer. *Vorsicht, hochwertige Messer sind sehr scharf!*

Mexi Chili Miso: *www.schwarzwald-miso.de*

Miso, helles (Gerstenmiso): *www.schwarzwald-miso.de*

Miso Mediterran: *www.schwarzwald-miso.de*

Mixer: Personal Blender PB 200 und andere Profimixer – *www.rohkostclub.de, www.gruenesmoothies.de*

Nama-Bio Tamari: *www.soyona.de*

Nama Shoyu: *www.rohkoestlich-shop.de, www.roh-kostbar.de*

Naturhefe (auf Melasse-Basis): *www.biogenial.de*
Noriblätter, nicht geröstete: *www.lifefood.de*
Olivenöl, kalt gepresstes: *www.olidivini.de*
Paranüsse: *www.orkos.com, www.topfruit.de, www.waltraud-weber.de*
Pekannüsse: *www.vega-ek.de, www.waltraud-weber.de*
Pinienkerne: *www.orkos.com, www.vega-ek.de, www.vitalia-zentrum.de*
Pistazien: *www.deliwelt.de, www.orkos.de*
Pürierstab: in gut sortierten Haushaltswarengeschäften
Quellwasser: Reformhäuser, Naturkostläden, Bio-Supermärkte, *www.firmahurtig.de*
Sesam, ungeschälter: in gut sortierten Bioläden, *www.bioinsel-shop.de*
Soja Miso: *www.schwarzwald-miso.de*
Sonnenblumenkerne: Reformhäuser, Naturkostläden, Bio-Supermärkte
Traubenkernöl, kalt gepresstes: Reformhäuser, Naturkostläden, Bio-Supermärkte, *www.topfruit.de*
Veilchenwurzelpulver: in Ihrer Apotheke erhältlich
Walnüsse: *www.orkos.com, www.passion4fruit.de, www.topfruit.de, www.vega-ek.de, www.waltraud-weber.de*
Walnussmus, rohes: *www.keimling.de*
Walnussöl: *www.byodo.de*
Wasserfilter: *www.fitinstitut-mauz.de, www.gruenesmoothies.de*
Wasser-Wiederbeleber: *www.grander.com*
Zedernkerne, rohe: *www.autenticnutrients.de, www.keimling.de, www.passion4fruit, www.vega-ek.de, www.waltraud-weber.de*
Zedernnussöl in Bio-Qualität: *www.bioinsel-shop.de*
Zuckerrohrmelasse, schwarze: *www.honig-reinmuth.de*

Literaturhinweise

Batmanghelidj, Fereydoon: *Wasser, die gesunde Lösung. Ein Umlernbuch.* Kirchzarten: VAK Verlag 2012

Boutenko, Victoria: *Grüne Smoothies: lecker, gesund & schnell zubereitet.* Emmendingen: Hans-Nietsch-Verlag 2010

Budwig, Johanna: Öl-Eiweiß-Kost. Kernen. Sensai Verlag 2010

Calabrese, Karyn: *Das Detox-Programm zur Harmonisierung und Regeneration von Körper und Geist.* Emmendingen: Hans-Nietsch-Verlag 2012

Cousens; Gabriel: *Die Kunst der Zubereitung lebendiger Nahrung.* Emmendingen: Hans-Nietsch-Verlag 2012

Emoto Masaru: *Die Botschaft des Wassers. Sensationelle Bilder von gefrorenen Wasserkristallen.* Burgrain: Koha Verlag 2010

Ferreira, Peter und Hendel, Barbara: *Wasser und Salz, Urquell des Lebens. Über die heilenden Kräfte der Natur*. Bielefeld: Ina Verlag 2004

Grimm, Hans-Ulrich und Ubbenhorst, Bernhard: *Leinöl macht glücklich. Das blaue Ernährungswunder.* München: MensSana 2012

Hill, Fiona: *Kraftquelle Keimpflanzen: Selbst gezogen köstlich zubereitet.* Leopold Stocker Verlag 2010

Kremer, Bruno P.: *Essbare und giftige Wildpflanzen. Über 200 Kräuter, Beeren und Nüsse.* Stuttgart: Verlag Eugen Ulmer 2010

Kirk, Mimi: *Rohköstlich leben. Eine praktische Einführung in die Rohkost-Küche mit 120 leckeren Rezepten für Gesundheit und zeitlose Schönheit.* Emmendingen: Hans-Nietsch-Verlag 2012

Königs, Peter: *Das Kokosbuch. Natürlich heilen und genießen mit Kokosöl und Co.* Kirchzarten: VAK-Verlag 2012

Kummert, Fritz: *Nüsse in Garten & Küche.* Graz: Leopold Stocker Verlag 2005

Langot, Domitille und Michel: *Wohlfühl-Rezepte mit Nüssen, Linsen, Bohnen, Erbsen, Körnern.* München: Christian Verlag 2009

Lehari, Gabriele: *Exotische Früchte: Obst, Gemüse, Nüsse.* Stuttgart: Verlag Eugen Ulmer 2009

Mauz, Gabriele: *Rohköstlichkeiten für Genießer. Eine kulinarische Reise durch die Rohkostküche.* Freiburg: Hans-Nietsch-Verlag 2005

Mauz, Gabriele: *Rohköstlichkeiten zum Frühstück.* Freiburg: Hans-Nietsch-Verlag 2008

Neumann, Halima: *Stopp der Azidose, Allergien und Haarausfall. Ursachen. Vorbeugung. Hilfe.* Starnberg: Führhoff Verlag 1994

Nöcker, Rose-Marie: *Das große Buch der Sprossen und Keime: Mit vielen Rezepten.* München: Heyne Verlag 1992

Rias-Bucher, Barbara: *Natürlich süßen mit Agavensaft, Dattelsirup, schwarzer Melasse & Co.* München: Ludwig Verlag 2000 (vergriffen)

Scott, Cyril: *Das schwarze Wunder. Rohe schwarze Melasse – Eine natürliche Wundernahrung.* Dulliken: Vita Reform Verlag 1996

Schaller, Ursula: *Edelkastanien für Leib & Seele.* Norderstedt: BoD 2005

Schwarz, Gabriela: *Gesund mit Nüssen: Immunstärkend – Darmregulierend – Demenzvorbeugend.* München: Herbig Verlag 2012

Taylor, Renee: Die Gesundheits-Geheimnisse der Hunza und ihre Kunst, ein langes und glückliches Leben zu führen. Freiburg: Verlag Hermann Bauer 1990 (vergriffen)

Walker, Norman: *Frische Frucht- und Gemüsesäfte. Vitalstoffreiche Drinks für Fitness und Gesundheit.* München: Goldmann Verlag 1995

Wandmaker, Helmut: *Willst Du gesund sein? Vergiss den Kochtopf!* München: Goldmann Verlag 1992

Wignall, Judita: *Going Raw – Wie Sie Ihre Ernährung erfolgreich auf Rohkost umstellen und damit Ihr Leben bereichern.* Emmendingen: Hans-Nietsch-Verlag 2012

Wroblewski, Doris: *Basische Kost: Gesundheit aus der Küche der Natur.* Norderstedt: BoD 2009

Über die Autorin

Gabriele Mauz wurde im Januar 1954 in Sigmaringen geboren, ist Mutter von drei Kindern und war nach absolviertem Ingenieurstudium in der Modebranche tätig. Neben ihren beruflichen Herausforderungen als Leiterin einer Mode-Entwurfsabteilung bekochte sie (im herkömmlichen Sinn) ihre große Familie mit Leidenschaft.

Als ihr Mann 1994 an Krebs starb, widmete sie sich mit stetig wachsendem Interesse der Aufgabe, herauszufinden, wie man den Treibstoff, den wir „Lebensmittel" nennen, gesund und dennoch schmackhaft zubereiten kann. So experimentierte sie zum Beispiel mit Gekochtem ohne Fett, mit Trennkost und Makrobiotik. Aber keine dieser Ernährungsformen war befriedigend und brachte den gewünschten Effekt.

In ihrem Studium zur Dipl.-Ernährungsberaterin und Dipl.-Gesundheitstherapeutin gewann Gabriele Mauz die Erkenntnis, dass Lebensmittel, die über 40 °C erhitzt werden, unserer Gesundheit schaden. Das Buch *Willst Du gesund sein? Vergiss den Kochtopf!* von Helmut Wandmaker gab ihr den Schlüssel in die Hand, der ihr die Tür zur Rohkost öffnete. Bei dieser Form der Ernährung ist sie seither auch geblieben. Inzwischen befindet sie sich in bester Gesellschaft, denn Donna Karan, Madonna, Demi Moore, Sting und Nena schwören ebenfalls auf diese Form der Ernährung.

Die Autorin entwickelte sich zur führenden Spezialistin auf dem Gebiet der Rohkosternährung und schreibt Rezeptbücher, die auf höchsten kulinarischem Niveau rangieren wie zum Beispiel *Rohköstlichkeiten für Genießer* (2005) und *Rohköstlichkeiten zum Frühstück* (2008).

In ihrem Heimatort Burladingen auf der Schwäbischen Alb gibt sie Seminare über die Zubereitung von Rohkostgerichten für gehobene Ansprüche oder für den Alltag. Auch das Fernsehen wurde auf Gabriele Mauz aufmerksam. Ihr Auftritt in der Sendung „Wer zeigt's wem" war ein großer Erfolg.

Detaillierte Informationen inklusive Filme, die die Zubereitung von Rohköstlichkeiten demonstrieren, zeigt sie auch in ihrem virtuellen Rohkostclub. Dieser wurde zu einer beliebten Plattform, auf der sich alle, die sich für Rohkost begeistern und interessieren, nach Herzenslust tummeln können.

www.rohkostclub.de

Gabriele Mauz

Rohköstlichkeiten zum Frühstück

Mit mehr als 100 Rezepten für leckere Rohköstlichkeiten zum Frühstück und vielen praktischen Tipps rund um das Thema Rohkostküche.

144 Seiten, Broschur
ISBN: 978-3-939570-39-4
€ 16,90

Gabriele Mauz

Rohköstlichkeiten für Geniesser

Eine kulinarische Reise durch die Rohkostküche

144 Seiten, gebunden
ISBN: 978-3-934647-76-3
€ 16,90

Cousens, Gabriel

Die Kunst der Zubereitung lebendiger Nahrung

Mit mehr als 160 Rezepten

160 Seiten, Broschur
ISBN: 978-3-86264-206-9
€ 14,90

Judita Wignall

Going Raw

Wie Sie Ihre Ernährung erfolgreich auf Rohkost umstellen und damit Ihr Leben bereichern

192 Seiten, Klappenbroschur; mit DVD
ISBN: 978-3-86264-214-4
€ 22,90

Mimi Kirk

Rohköstlich leben

Eine praktische Einführung in die Rohkost-Küche mit 120 leckeren Rezepten für Gesundheit und zeitlose Schönheit

318 Seiten, Broschur
ISBN: 978-3-86264-205-2
€ 22,90

Dr. Brian Clement

Wunder-LebensMittel

Mit dem bewährten Hippocrates-Programm Lebenskraft tanken – für Gesundheit und Vitalität bis ins hohe Alter

315 Seiten, Broschur
ISBN: 978-3-86264-213-7
€ 19,90

Victoria Boutenko

Grüne Smoothies

Lecker, gesund und schnell zubereitet

180 Seiten, Broschur
ISBN: 978-3-939570-70-7
€ 16,90

Victoria Boutenko

Green for Life

Grüne Smoothies nach der Boutenko-Methode.

220 Seiten, Broschur
ISBN: 978-3-939570-43-1
€ 16,90

Victoria Boutenko

Green for Life

Das Wunder des Pflanzengrüns in unserer Ernährung

DVD
150 Min. Sprache: Deutsch/Englisch
ISBN: 978-3-939570-92-9
€ 16,90